EDICIÓN ORIGINAL

Dirección de la colección
Charles-Henri de Boissieu

Dirección editorial
Mathilde Majorel y Thierry Olivaux

Diseño gráfico y maquetación
Jean-Yves Grall

Cartografía
Vincent Landrin

Documentación fotográfica
Frédéric Mazuy

Archivos Larousse
Marie Vorobieff

EDICIÓN ESPAÑOLA

Dirección editorial
Núria Lucena Cayuela

Coordinación editorial
Jordi Induráin Pons

Edición
Laura del Barrio Estévez

Traducción
Marga Latorre

Cubierta
Francesc Sala

© 2003 LAROUSSE/VUEF
© 2003 SPES EDITORIAL S.L.,
para la versión española

ISBN: 84-8332-468-7
Impresión: IME (Baume-les-Dames)

Laure Chémery

Los climas
¿un futuro imprevisible?

LAROUSSE

Biblioteca Actual

Sumario

✺ Mapas

Prólogo

E l clima influye en la vida presente en la Tierra —en la de la fauna y la flora— y, a más largo plazo, modela los relieves terrestres. El frío, el calor, la sequía, el viento condicionan el ritmo vital de los hombres; en este sentido determinan su alimentación, la forma en que se visten, el hábitat y los desplazamientos por el planeta.

Las sociedades modernas a veces parecen olvidar la importancia del clima y desarrollan tecnologías cuyo objetivo persigue estar menos sujetos al clima. Sin embargo, cada vez que se produce un acontecimiento climático atípico se constata, a menudo con estupor, que nuestro entorno inmediato todavía depende, en gran medida, de los caprichos del cielo.

Los excesos del clima provocan, si cabe, más inquietud, ya que los científicos alertan a la opinión pública y a los responsables políticos del riesgo que implica un cambio climático global: las actividades humanas modifican la composición de la atmósfera, lo que puede llevar a un calentamiento que repercuta en todos los componentes del clima.

Conocer y comprender el clima es, pues, un reto importante.

El clima puede considerarse a diferentes escalas de tiempo (día, estación, año, milenio) y espacio (macroclima que afecta a todo un continente o microclima, que afecta a una calle o incluso a una planta).

La atmósfera y sus movimientos, la radiación solar que proporciona energía y calor y el agua que hace posible la vida determinan el clima tal y como lo percibimos. Las estaciones de medida y los satélites de observación recogen datos sobre el clima y los utilizan para llevar a cabo previsiones meteorológicas y poder comprender mejor los climas del pasado, del presente y del futuro.

Describir para prever y conocer para anticiparse a los acontecimientos son los objetivos de los meteorólogos y de los climatólogos de todo el mundo; la aplicación de estos conocimientos es esencial para nuestras sociedades.

Este conjunto de nubes de tormenta encima del océano Pacífico fue fotografiado por la nave espacial Columbia en 1990. Algunos de estos cumulonimbos tienen forma de yunque, característica de estas nubes que pueden hallarse a una altura de 15 km. En ellas se producen fuertes movimientos.

A fin de representar el clima, de atribuir una materialidad a ciertos parámetros (viento, temperatura, presión), a menudo abstractos, y de sintetizar el complejo conjunto que constituye el clima en un lugar determinado, los climatólogos y los geógrafos han establecido unas clasificaciones climáticas, en función de las aplicaciones y de los objetivos deseados: agroclimatología, bioclimatología, etcétera. Dichas clasificaciones, aun recogiendo unos veinte tipos de clima, no ilustran suficientemente las diversas realidades: progresiones climáticas, extremos, anomalías o catástrofes.

Las imágenes proporcionadas por los satélites meteorológicos están perfectamente adaptadas para observar los procesos como los ciclones, las depresiones o las formaciones nubosas (en el caso de la ilustración, sobre las costas sudafricanas).

El mosaico
de los climas

Las escalas del clima

Entre el clima en la superficie de la hoja de un árbol y el de un país o un continente, o entre el clima de la edad media y el de la era secundaria, existen variaciones importantes.

Del planeta a la pradera

El clima se estudia, habitualmente, teniendo en cuenta cuatro escalas geográficas interrelacionadas entre sí, de forma que las más reducidas dependen de las más amplias.

En primer lugar, cuando se habla de «clima ecuatorial» o de «clima templado» se trata de «macroclimas» que corresponden a extensos espacios geográficos, que oscilan de unos millones a unas decenas de millones de km². Tal es el caso de un continente, un océano, un país grande e incluso todo el planeta. A esta escala, la circulación atmosférica general y los factores astronómicos ejercen un papel preponderante, pero también hay que tener en cuenta los importantes factores geográficos (océano, cordillera).

En segundo lugar, si lo que interesa son, por ejemplo, los climas de la fachada atlántica de Europa o de la península Ibérica, se habla de «mesoclima» (o clima regional). Este término hace referencia a un espacio más reducido, de entre miles y decenas de miles de kilómetros, definido por sus criterios geográficos (cuenca, macizo montañoso, costa litoral). A esta escala, tienen un papel primordial los movimientos de la atmósfera y las características geográficas (lago, mar, vegetación).

En tercer lugar, el «topoclima» (o clima local) se aplica a espacios del orden de entre 1 km y unos 10 km: valle, orilla de un lago, ciudad o bosque. El relieve y la naturaleza del terreno pueden ejercer una influencia predominante, ya que determinan ciertos procesos como las brisas, que no son significativos a escalas superiores.

Por último, el «microclima» se refiere a espacios de entre unos centímetros y unas decenas de metros.

Situados en la vertical del ecuador, siete satélites describen alrededor de nuestro planeta una órbita paralela al plano ecuatorial y a la misma velocidad angular que la Tierra. Reciben el nombre de «geoestacionarios» y facilitan imágenes que permiten estudiar amplias zonas de un territorio.

 Durante un día de verano, un campo de cereales restituye a la atmósfera varias toneladas de agua por hectárea. Las condiciones climáticas de un campo de trigo o las de la superficie de las hojas interesan por igual a la climatología.

Un año o un millón de años

Reconstruir los climas

Se utilizan distintos métodos para estudiar el clima. En el caso de los períodos más antiguos, el análisis geológico o sedimentario y el continental u oceánico permiten reconstruir la intensidad de la erosión, el nivel de los mares y las características de la vegetación de la época. En cuanto a los períodos más recientes, se estudian los terrenos, los hielos, los sedimentos lacustres y, en concreto, todo lo que éstos han absorbido: polvo, polen o burbujas de aire de los sondeos glaciales. Por lo que se refiere a las etapas más próximas, los sedimentos coralinos y los anillos de los árboles proporcionan indicios de las condiciones ambientales, tales como la temperatura del agua del mar, la pluviometría y la temperatura del aire. Se dispone de documentación escrita con una antigüedad de 5 000 años, y de medidas instrumentales desde hace un siglo o dos como mucho.

El clima se presenta, asimismo, según diferentes escalas temporales. En la escala geológica se estudian los «paleoclimas» o climas antiguos que se remontan a centenares o millones de años. La escala histórica corresponde al período del que disponemos de archivos. Con estos documentos escritos (textos o graba-dos) podemos reconstruir una historia relativamente continua. Por último, el estudio de los climas actuales se fundamenta en unas medidas meteorológicas disponibles desde hace 150 años, en el caso de las más antiguas. En general, definimos los climas de referencia a una escala de 30 años y estudiamos su variabilidad a corto plazo para poder predecir sus consecuencias.

Mapa *(páginas siguientes)*

Para establecer una clasificación climática, es necesario disponer de un gran número de medidas y de observaciones. Algunas divisiones se basan en métodos empíricos (la observación de la vegetación o las medidas meteorológicas, por ejemplo), mientras que otras, denominadas «genéticas», se basan en la circulación atmosférica o en el análisis de las masas de aire. Este mapa pertenece a la primera categoría.

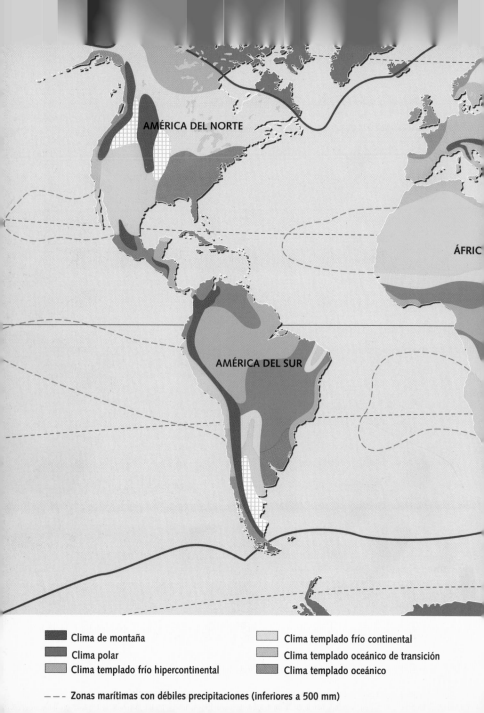

AMÉRICA DEL NORTE

ÁFRIC

AMÉRICA DEL SUR

Clima de montaña

Clima polar

Clima templado frío hipercontinental

Clima templado frío continental

Clima templado oceánico de transición

Clima templado oceánico

– – – Zonas marítimas con débiles precipitaciones (inferiores a 500 mm)

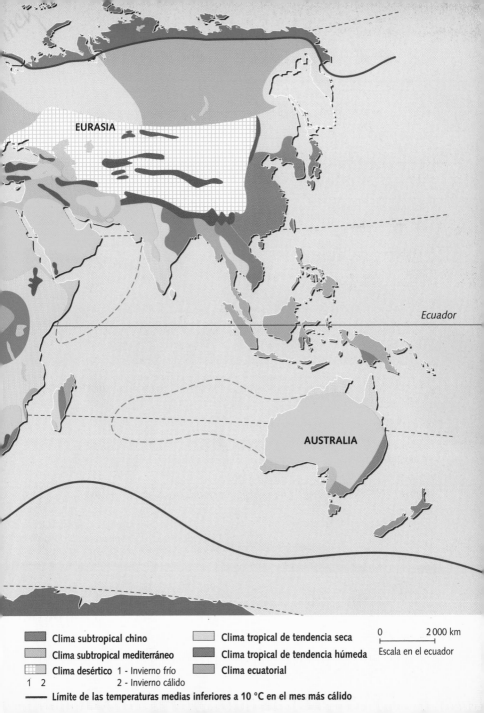

EURASIA

Ecuador

AUSTRALIA

Clima subtropical chino

Clima subtropical mediterráneo

Clima desértico   1 - Invierno frío
1   2   2 - Invierno cálido

Clima tropical de tendencia seca

Clima tropical de tendencia húmeda

Clima ecuatorial

Límite de las temperaturas medias inferiores a 10 °C en el mes más cálido

0   2 000 km
Escala en el ecuador

La estabilidad y el cambio

Los climas no son estables: la Tierra y sus distintas zonas geográficas han experimentado importantes cambios climáticos a lo largo de las épocas geológicas o incluso históricas.

Este cuadro, fechado en 1608, ilustra el enfriamiento del clima observado en Europa a partir de 1550. Los cuadros y grabados constituyen una valiosa fuente de información para los historiadores del clima, que pueden así reconstruir las condiciones climáticas de otras épocas.

La evolución y las desviaciones

Para definir el clima, los climatólogos tratan de describir unos valores de referencia a través de extensos períodos. No obstante, son igualmente interesantes tanto la evolución de estos valores como sus desviaciones. Las evoluciones se describen en función de su amplitud, duración, frecuencia y forma (aleatoria, cíclica), en relación con el clima de referencia definido. Distinguimos esquemáticamente dos tipos de variaciones: en primer lugar, aquéllas cuyas modalidades hemos podido poner de manifiesto y, posteriormente, las anomalías que parecen aleatorias y para las que no se dispone ni de datos suficientes con respecto a la duración ni de instrumentos teóricos para comprender sus causas.

Los climas en Europa

A lo largo de la historia, desde que disponemos de documentación escrita, observamos en Europa dos períodos fríos: en la época romana, entre los años 0 y 400 d. J.C., y después de la edad media, entre 1550 y 1850. Durante esta reducida era glacial, de inviernos largos y rigurosos y veranos frescos y húmedos, se estima que la temperatura media global habría sido 1 °C (incluso 2 °C) inferior a la actual. A partir de 1850, se observa una tendencia al calentamiento, aunque se desconoce si tiene alguna relación con las actividades humanas. Se trata de una evolución claramente visible en los glaciares alpinos, cuyo frente ha retrocedido desde el siglo XIX.

Estas imágenes muestran la extensión del casquete polar del hemisferio Norte en la actualidad (a la derecha) y hace 18 000 años (a la izquierda) en el momento de la última glaciación: la mayor parte de Eurasia y de América estaban cubiertas por el hielo. Sin embargo, algunas zonas septentrionales como el estrecho de Bering, entre Asia y América, estaban libres de hielos e incluso de agua, porque, debido a la extensión de los casquetes polares, el nivel del mar era inferior al actual.

Las tendencias y las oscilaciones

Las tendencias son variaciones en el tiempo que no presentan un aspecto cíclico. Se habla en la actualidad de «tendencia al calentamiento» del clima del planeta. El análisis de las tendencias ilustra claramente la dificultad en la elección del período de referencia: así, aunque no se ha comprendido el proceso de las glaciaciones, puede calificarse de «tendencia» a la fase de enfriamiento.

Las oscilaciones son variaciones repetitivas y alternas que poseen un carácter cíclico, si bien presentan una periodicidad difícil de evidenciar (el fenómeno de El Niño constituye un ejemplo de ello).

Ciclos y mutaciones

Los ciclos son evoluciones climáticas más o menos regulares que retornan a su situación inicial. Las estaciones forman ciclos, como la duración del día y de la noche. Determinados ciclos de mayor duración son más difíciles de descubrir: así ocurre con los ciclos glaciares que se desarrollan durante milenios. La variación de las aportaciones de energía solar en la superficie de la Tierra constituye una de las causas principales de los ciclos climáticos. Determinados ciclos de la actividad solar ya han sido bien estudiados. Así, hace 4 500 millones de años, la energía emitida por el sol era un 25 % inferior a la actual.

La Tierra, por su lado, experimenta en espacios de tiempo muy extensos unas mutaciones en su órbita o rotación que modifican la captación de la radiación solar.

LÉXICO

[El Niño]
Fenómeno oceánico que se caracteriza por un calentamiento anormal de las aguas superficiales del centro y del este del Pacífico, en particular a lo largo de las costas peruanas.

[Glaciación]
Época geológica marcada por una extensión de los casquetes glaciares hacia las latitudes bajas y de los glaciares de montaña hacia la zona de los valles.

Los excesos climáticos

Inundaciones, sequías, ciclones o tempestades... Cada año, el clima afecta, directa o indirectamente, a miles y miles de personas (incluso a millones) y trastorna a regiones enteras.

Catástrofes climáticas

Entre las desviaciones del clima, algunas dejan huella en la mente de quienes las sufrieron: se trata de las anomalías climáticas. Estas crisis, breves o duraderas, locales o globales, y a menudo aleatorias (por lo tanto, difíciles de preveer), tienen en común el hecho de ser mal comprendidas y de someter al medio y a los hombres a unas fuertes tensiones. Cuando las crisis o anomalías se repiten con excesiva frecuencia pueden constituir la señal de una modificación del clima, es decir, del cambio, a largo plazo, del clima de referencia. Sin embargo, para preveer una modificación es necesario disponer de la perspectiva temporal suficiente.

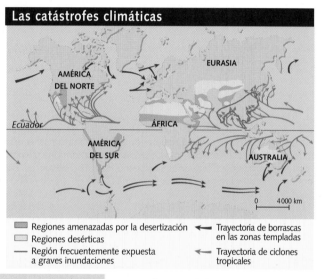

Las catástrofes climáticas

AMÉRICA DEL NORTE

EURASIA

Ecuador

ÁFRICA

AMÉRICA DEL SUR

AUSTRALIA

0   4000 km

▨ Regiones amenazadas por la desertización
▢ Regiones desérticas
— Región frecuentemente expuesta a graves inundaciones
◄— Trayectoria de borrascas en las zonas templadas
◄— Trayectoria de ciclones tropicales

Dust bowl

En la década de 1930, las extensas llanuras cerealistas del centro y del sur de Estados Unidos sufrieron un fenómeno climático denominado *dust bowl*. Tras una incorrecta utilización de las tierras (labranzas intensivas, multiplicación de aperos, supresión del barbecho), el suelo quedó al descubierto en algunos lugares, se redujo la evaporación y disminuyeron las lluvias. Surgieron unos fuertes vientos que arrastraron la tierra, lo que hizo imposible cultivar. Este hecho provocó un éxodo masivo, motivo que constituyó el tema de la obra *Las uvas de la ira* (1939), de John Steinbeck.

Perjuicio que suponen las catástrofes climáticas para el hombre y su entorno

Únicamente las anomalías que causan perjuicios al hombre, a su actividad y al medio se califican como «catástrofes climáticas». Así, una importante sequía que provoque unos efectos en el medio natural pero que tenga lugar en una zona deshabitada del planeta, no suele considerarse una catástrofe climática porque no afecta a los seres vivos.

Los medios de anticipación o de prevención, junto con los planes de auxilio, pueden evitar que una anomalía climática se transforme en una catástrofe. En los países ricos se ha olvidado durante décadas la posibilidad de verse afectados por este tipo de riesgos, pero actualmente se tienen de nuevo en cuenta, por ejemplo, en los proyectos de urbanización. No obstante, al mismo tiempo, los riesgos cada vez se asumen peor. En los países pobres, a menudo es frecuente la posibilidad de sufrir una catástrofe a causa del subdesarrollo.

En los países ricos, la naturaleza de los daños es, sobre todo, económica: el balance de las inundaciones del verano de 2002 en Europa central y oriental (en la ilustración, Praga) es de 2 a 3 mil millones de euros en la República Checa y de 15 mil millones en Alemania.

Exceso o déficit de lluvias, viento o temperatura

Las fuertes precipitaciones pueden provocar unas inundaciones que generen las mayores catástrofes humanas conocidas y también unas pérdidas económicas considerables. Las nevadas excesivas o el granizo pueden acarrear también consecuencias nefastas, sobre todo en la agricultura. Las sequías, otro aspecto de las anomalías pluviométricas, provocan, asimismo, grandes daños humanos y/o económicos. No obstante, éstas se producen de una forma más progresiva que las inundaciones.

Las anomalías meteorológicas, si bien forman parte de la variabilidad del clima (en el caso de la ilustración, los efectos de la sequía en el estuario del Loira), son mal aceptadas. La vulnerabilidad social, psicológica, económica o técnica ha aumentado en la actualidad.

Los vientos excesivos, que provocan tempestades, ciclones o tornados, son también temibles; sin embargo, en la medida en que estos fenómenos se preveen mejor, pueden salvarse las vidas humanas por medio de unas consignas de protección. Así, los daños materiales y económicos son los que dominan en estos casos.

En cuanto a los excesos de temperatura (frío o calor), si bien son perjudiciales para la salud humana y la vida en general, a menudo tienen unas consecuencias menos importantes que las catástrofes provocadas por la lluvia o el viento, como es el caso de las grandes inundaciones que se producen en las zonas tropicales del planeta.

Describir, analizar, anticipar

> Las estaciones de medición y los satélites de observación examinan
> constantemente la atmósfera terrestre. Los datos se utilizan para
> las previsiones meteorológicas y la descripción de los climas.

Mediciones en el suelo

El estudio del clima se fundamenta en los datos (observaciones o mediciones) extraídos de la red de estaciones meteorológicas. Las principales, aproximadamente unas 9 000, miden, como mínimo dos veces al día, los parámetros básicos de la atmósfera: temperatura, precipitaciones, presión atmosférica, higrometría, dirección y fuerza del viento e insolación. Asimismo, se llevan a cabo observaciones cualitativas tales como las tempestades, los tipos de nubes, la extensión de las capas de nieve o nubosas, de la banquisa, etcétera. Existen estaciones automáticas, que se encuentran en comunicación con un ordenador mediante conexión telefónica o por satélite, que permiten llevar a cabo mediciones en lugares de difícil acceso como son las montañas, los desiertos, los océanos, etcétera. En el océano, 4 000 buques mercantes proporcionan datos con regularidad.

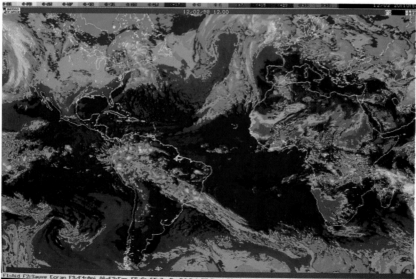

Los satélites proporcionan imágenes de objetos visibles a simple vista, como las nubes, y también otras que sirven para medir la radiación infrarroja, más próxima a una radiación térmica que a una radiación visible.

Mediciones en altitud

Aproximadamente unas no-vecientas estaciones en todo el mundo pueden completar las mediciones de superficie por medio de lanzadores de globo sonda que miden la temperatura, la presión o la higrometría, entre otros valores. Completa el dispositivo una red de radares y, en especial, de satélites. Los radares permiten observar las precipitaciones; cinco satélites geoestacionarios proporcionan cada treinta minutos una imagen completa de la nubosidad, la humedad y la temperatura del aire terrestre.

En el mundo, más de 10.000 estaciones gestionadas por personal especializado forman parte de la red meteorológica mundial (en la ilustración, el observatorio de Manau Loa, en Hawai). Los datos que suministran son completados con los de los 130 000 puestos climatológicos.

El tratamiento de los datos

Los datos obtenidos se recogen, se centralizan y se analizan. Este análisis tiene como principal objetivo la previsión meteorológica, cuyo instrumento más conocido es el mapa meteorológico. A fin de trazar las líneas isobaras y los frentes, se interpretan los datos proporcionados por las estaciones: así se ponen en evidencia las altas y las bajas presiones y las perturbaciones. Se realizan los mapas tanto para la superficie como para diferentes niveles de altitud. Por medio de su interpretación, los meteorólogos prevén el tiempo de los próximos días. Los climatólogos, por su parte, y valiéndose de los mismos datos, intentan establecer un clima de referencia.

Crear modelos para anticipar

Unos potentes ordenadores tratan, por un lado, los datos recogidos, y, por otro, elaboran unos modelos. Se trata de representaciones simplificadas de la atmósfera que se basan en las leyes de la física y en las observaciones anteriores. Por lo que se refiere a la meteorología, el objetivo radica en prever cómo evolucionará una situación al cabo de unas horas o de unos días, y respecto a la climatología, en escalas de tiempo más extensas, además de determinar la respuesta de la atmósfera cuando se modifica uno de sus parámetros (composición atmosférica, aportaciones de la energía solar o inclinación del eje de la Tierra, por ejemplo).

La OMM

La Organización Meteorológica Mundial, creada en 1947, define los procedimientos de medición y, sobre todo, coordina la red internacional. El mundo está organizado en torno a cinco grandes regiones (una por continente y una para el Pacífico), y cada país transmite a la región a la que pertenece las medidas efectuadas en su territorio. Estas mediciones «continentales» se envían a los demás continentes y a los países participantes a fin de que puedan efectuar sus previsiones.

Las aplicaciones de la climatología

Muchas actividades humanas dependen del estado de la atmósfera y tienen una gran importancia para los estudios climáticos. Entre ellas se encuentran el transporte y la agricultura.

Los transportes

Desde hace mucho tiempo, los transportes (y, en especial, la navegación) dependen, en gran medida, del clima. La sofisticada descripción de los vientos de la cuenca mediterránea pone de relieve la importancia de la navegación a vela para los antiguos griegos. Actualmente, la situación es, a la vez, diferente y semejante: en el sector de la aviación, por ejemplo, la invención del radar ha permitido, por un lado, protegerse de los fenómenos que entrañan peligro (cumulonimbos, nieblas, ciclones) y, por otro, sacar provecho de otros fenómenos. Así, por ejemplo, los vuelos trasatlánticos otorgan importancia a las corrientes a chorro, orientadas de Oeste a Este, que permiten que un vuelo que enlaza Nueva York con París gane tiempo y reduzca considerablemente su consumo de energía.

Los setos se utilizan en la agricultura para proteger a los cultivos, como éstos, situados en el valle del Ródano, expuestos al mistral. La eficacia de un seto se mide por la reducción de la velocidad del viento y por la extensión de la superficie protegida.

La agroclimatología

La agricultura es extraordinariamente sensible a los elementos del clima que condicionan la vida vegetal: lluvia, insolación y temperatura. Un déficit pluviométrico puede compensarse parcialmente mediante el bombeo de agua en el suelo o la absorción del agua que se encuentra en la atmósfera, hasta que la ausencia de lluvia se refleje en estos dos parámetros. La agricultura desarrolla cada vez más los medios encaminados a prevenir los avatares climáticos: los invernaderos permiten aumentar la temperatura ambiente, las redes de irrigación o de drenaje pueden erradicar las irregularidades pluviométricas e incluso los setos limitan la velocidad del viento. Se recurre, pues, a la climatología para intentar evaluar la rentabilidad de estas costosas inversiones.

En el caso de la explotación de la energía eólica, se escogen, a ser posible, zonas expuestas a vientos fuertes y regulares. En general, los elementos climatológicos (insolación, precipitaciones con gran aparato eléctrico) presentan un potencial energético importante.

El hábitat

Puesto que las viviendas tienen como objetivo la protección contra los rigores del clima, para conseguir unas condiciones de bienestar material para el hombre, en las técnicas relacionadas con el hábitat concurren todos los conocimientos de la bioclimatología aplicados a la arquitectura.

Actualmente, esta problemática cobra nueva vida debido a las cuestiones energéticas: los edificios tienen que ser cómodos y, al mismo tiempo, consumir poca energía. La forma de los edificios o la de los tejados, la orientación y la dimensión de las aberturas, los materiales empleados, la creación de galerías y la construcción sobre pilotes, son algunos de los elementos de la arquitectura tradicional que han sido recuperados e interpretados por la arquitectura bioclimática, que recurre también a algunas innovaciones tecnológicas, tales como el doble acristalamiento, las vidrieras filtrantes, los hormigones alveolares y los diversos materiales aislantes e impermeabilizantes.

Un sector dependiente

El sector agroalimentario depende del clima en los dos extremos de su cadena: para la producción agrícola que lo abastece y para los consumidores que dan salida a los productos. El consumo de refrescos, cervezas y helados se registra básicamente en verano, y el de carne y legumbres, sobre todo en invierno. El aumento del consumo de productos congelados y de conservas está relacionado con el deseo de no depender de las estaciones. Por último, los métodos de fabricación que recurren a la fermentación (fábricas de cervezas) o al afinado (centrales lecheras) dependen, en gran medida, de las condiciones atmosféricas.

Una ciencia evolutiva

*Si bien los interrogantes sobre el tiempo son muy antiguos,
la climatología y la meteorología son ciencias recientes,
que evolucionan de forma paralela al progreso científico.*

La observación y la medición

Probablemente no existe ningún pueblo que no se haya planteado interrogantes sobre los

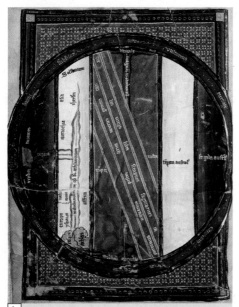

En este manuscrito fechado en 1277, la Tierra está dividida en tres grandes regiones climáticas: en rojo, la zona tórrida (el ecuador está representado en el eje vertical), en blanco la zona templada, y en azul la zona fría.

fenómenos meteorológicos. En la Antigüedad, los mesopotámicos, los egipcios y los indios describieron y analizaron los estados de la atmósfera apoyándose en sus creencias para comprenderlos. Los griegos (con Aristóteles y sus *Meteorológicas*), los árabes y los chinos racionalizaron la observación e intentaron proporcionar las primeras explicaciones globales (los griegos se basaron en las diferencias de la duración del día para explicar las regiones secas y las húmedas, y las cálidas o las frías).

Una primera revolución

Hubo que esperar a la aparición de los instrumentos de medición para que se produjera un avance decisivo. Los inventos de Galileo (termoscopio), de Torricelli (barómetro) y de Hooke (higrómetro) en el siglo XVII permitieron medir, respectivamente, la temperatura, la presión y la humedad del aire. El gran duque Fernando de Florencia creó, en 1653, en Italia, la primera red de medidas estandarizadas, gracias a la centralización de los datos recogidos

LÉXICO

[Modelo]
Representación simplificada o digitalizada de la atmósfera y de sus propiedades, cuyo objetivo es la previsión meteorológica o las simulaciones climáticas.

durante unos diez años. Este tipo de red también existió en Francia y Gran Bretaña. Halley y, posteriormente, Hadley definieron los primeros esquemas de organización de la circulación atmosférica. Aprovechando los avances en la navegación, los geógrafos recogieron nuevas observaciones y establecieron las primeras clasificaciones de los climas. Durante el siglo XIX, las redes de medición tuvieron un desarrollo continuo.

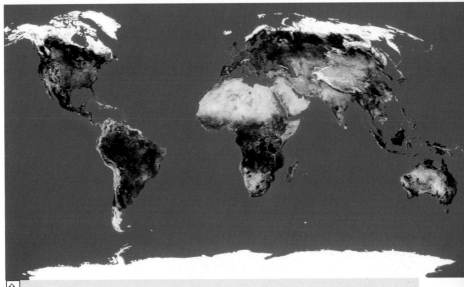

⊕ **Casi ocho siglos** separan esta imagen de la de la página anterior. Ambas representaciones persiguen el mismo fin: la comprensión de los climas.

Nuevas teorías y nuevas tecnologías

También en el siglo XIX se produjo una revolución científica. En este sentido, la termodinámica, la mecánica de los fluidos y las estadísticas revolucionaron el estudio de los estados de la atmósfera. Se individualizaron, a la sazón, dos direcciones: la previsión meteorológica y el estudio de los climas. En este último campo, se abandonó la idea de la invariabilidad de los climas, que corrió paralela a la de las especies. Gracias a la geología, se aprendieron a interpretar los rastros de los climas antiguos. A partir de 1950, unos nuevos métodos, como el del estudio del polen, de los isótopos o de los hielos polares, facilitaron la descripción de los climas del pasado.

La previsión meteorológica, por su parte, dio un gran salto adelante con la aparición de los globos, los aviones y, más tarde, los satélites, con lo que se multiplicaron las mediciones en altura. La llegada de las computadoras y el desarrollo de la red de telecomunicaciones condujo a la centralización de los datos recogidos a escala planetaria y a la puesta a punto de modelos que permitían mayor precisión en la previsión.

Fines militares

En 1854, durante la guerra de Crimea, una tempestad afectó seriamente a la flota francesa. El astrónomo francés Le Verrier observó esa tempestad había cruzado Europa de oeste a este en pocos días, y que, a falta de unas redes de comunicación adecuadas, no pudo transmitirse la información. A raíz de este acontecimiento, las grandes potencias decidieron dotarse de instrumentos de observación y de previsiones meteorológicas. Un siglo más tarde, aquella lección dio sus frutos: la fecha del desembarco en Normandía se retrasó 24 horas, ya que quienes realizaron las previsiones anunciaron unos fuertes vientos para la noche del 4 al 5 de junio de 1944.

El mosaico de los climas

La atmósfera, centro de los procesos meteorológicos y del clima, se rige por la física de los gases y de sus principales componentes. La presión del aire (peso transmitido por la columna de atmósfera sobre cada punto de la superficie de la Tierra) varía en función de la posición geográfica y de la altura, así como la energía solar que calienta (y, por lo tanto, aligera) en mayor o menor medida, el aire. Los vientos se deben básicamente a estas diferencias de temperatura en la atmósfera y a su intento de compensarlas: se producen, sobre todo, en las capas bajas de la atmósfera.

Las imágenes que ofrecen los satélites han revolucionado el estudio de la atmósfera: por primera vez se ha podido acceder a una representación del conjunto de los sistemas de nubes. En esta imagen, tomada en ángulo oblicuo sobre África, se puede observar a lo lejos la fina capa que constituye la atmósfera terrestre.

La atmósfera en movimiento

La estructura vertical de la atmósfera

La atmósfera está constituida por una superposición de capas con una serie de características térmicas y químicas, de las cuales la más próxima al suelo resulta determinante en los procesos climáticos.

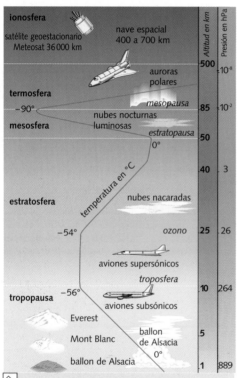

La troposfera, donde evolucionan los fenómenos meteorológicos, tiene un espesor de 8 km sobre los polos y de 17 km sobre el ecuador. La estratosfera se caracteriza por la presencia de ozono que absorbe una parte de los rayos ultravioleta del sol y protege así la vida terrestre. En el nivel superior, en la mesosfera, se producen las auroras boreales. La termosfera absorbe los rayos X y una parte de los rayos ultravioleta.

Nitrógeno, oxígeno y otros gases

Existe aire incluso a más de 750 km de la superficie terrestre, aunque la mayor parte de los procesos que determinan el clima se produce en los primeros 20 km. En efecto, la mitad de la masa atmosférica está situada a menos de 5,5 km, y un 99 %, en los primeros 30 km. En la primera capa, la homosfera, situada entre el suelo y una altitud de 90 a 100 km, la composición química del aire es prácticamente constante, debido a las mezclas permanentes: 78 % de nitrógeno y 21 % de oxígeno. Los demás componentes gaseosos (argón, dióxido de carbono, neón, helio, criptón, hidrógeno, etcétera) son muy minoritarios, puesto que sólo se hallan en un 1 %. La homosfera contiene también cuerpos sólidos (polvo, cristales salinos, cenizas volcánicas y otros) de origen terrestre, que se encuentran en los primeros 10 km, excepto las cenizas volcánicas, que a veces se proyectan hasta una altitud de 15 o 20 km. Contiene asimismo vapor de agua, en una proporción de entre un 0,1 % y un 4 % del volumen de aire seco, según las regiones.

La siguiente capa de la atmósfera, la heterosfera, contiene, además de nitrógeno, gases ligeros, como el helio y el hidrógeno; en ella ya no se encuentra oxígeno en forma molecular, sino en forma atómica. Se trata de la capa de ozono.

Por último, a partir de los 750 km se encuentra la exosfera. En esta capa se alcanza progresivamente el vacío. Únicamente se escapan hacia el espacio algunas partículas de helio y de hidrógeno.

Temperaturas distintas

En los primeros 500 km de la atmósfera se distinguen cuatro capas térmicas: más arriba, el aire es demasiado escaso para medir la temperatura. En la troposfera (del suelo hasta los 10 km) la temperatura disminuye regularmente 6 °C cada 100 m, hasta alcanzar, en su cima, entre –50 °C (por encima de los polos) y –80 °C (por encima del ecuador). La presión disminuye también progresivamente: entre 1 013 hPa (hectopascales) en el suelo, 400 hPa (por encima de

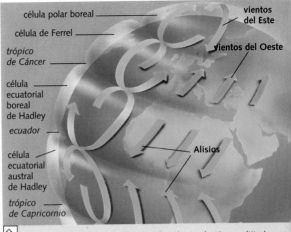

célula polar boreal
célula de Ferrel
trópico de Cáncer
célula ecuatorial boreal de Hadley
ecuador
célula ecuatorial austral de Hadley
trópico de Capricornio
vientos del Este
vientos del Oeste
Alisios

Entre la circulación a nivel del suelo y la circulación en altitud, los intercambios toman forma de «células» que asocian ramas subsidentes y ascendentes. En tierra, las ramas subsidentes corresponden a las zonas de altas presiones que inducen a la divergencia del aire, mientras que las ramas ascendentes están relacionadas con las zonas de bajas presiones que causan una convergencia del aire.

los polos) y 100 hPa (por encima del ecuador). En la estratosfera, entre 10 y 50 km, la temperatura se mantiene constante alrededor de los –55 °C hasta los 20 km, para ascender luego, bajo la influencia de la capa de ozono, y alcanzar entre 0 °C y 20 °C hacia los 50 km. En la mesosfera (entre 50 y 85 km), escasea el aire y la temperatura es baja: unos –90 °C en su punto culminante. En la termosfera (entre 85 y 500 km), si bien resulta difícil realizar mediciones, se considera que la temperatura puede llegar a los 1 000 °C hacia los 300 km.

> **LÉXICO**
>
> **[Ascendencia]**
> Movimiento vertical del aire hacia arriba.
> **[Subsidencia]**
> Movimiento vertical del aire hacia abajo.

Movimientos verticales

A pesar de que la mayor parte de los movimientos de la atmósfera se produce en sentido horizontal, existen también movimientos verticales, debido a fuertes ascensiones y subsidencias (movimientos descendentes). De esta forma, se considera que la troposfera incluye unas grandes «células» que perfilan la circulación atmosférica general (tanto en el suelo como en altitud), asociando movimientos verticales y horizontales, así como transferencias térmicas.

Globalmente, se distinguen dos grandes células en cada hemisferio: la célula de Hadley, situada entre 0 y 30° y la célula de Ferrel, entre 30° y 60°.

Mapa *(páginas siguientes)*

Los centros de acción (depresiones y anticiclones más «estables»), las masas de aire y las perturbaciones no son ni permanentes ni inmóviles: se forman, se desplazan y evolucionan por la influencia de los rayos solares, de la rotación de la Tierra, de los relieves terrestres y de la superficie sobre la que se encuentran. Este mapa de la circulación atmosférica en enero debe compararse con el de la página 30.

La circulación atmosférica

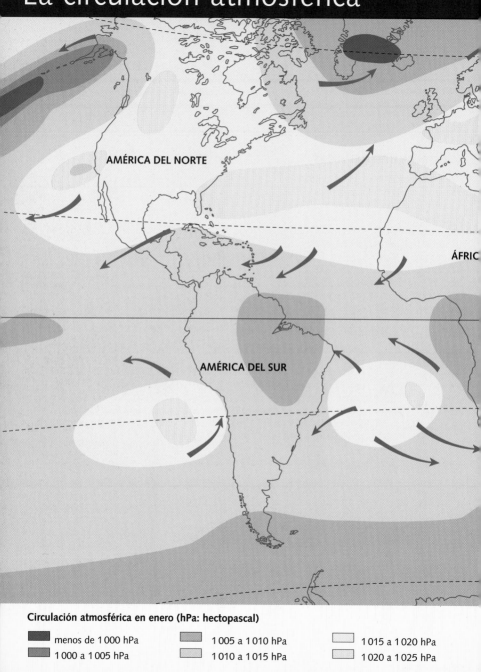

AMÉRICA DEL NORTE

ÁFRIC

AMÉRICA DEL SUR

Circulación atmosférica en enero (hPa: hectopascal)

menos de 1 000 hPa

1 000 a 1 005 hPa

1 005 a 1 010 hPa

1 010 a 1 015 hPa

1 015 a 1 020 hPa

1 020 a 1 025 hPa

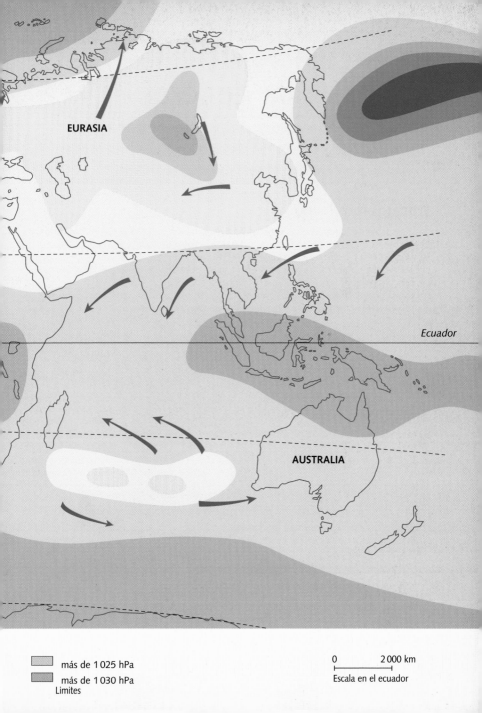

EURASIA

Ecuador

AUSTRALIA

más de 1 025 hPa
más de 1 030 hPa
Límites

0   2 000 km
Escala en el ecuador

La circulación atmosférica general

A nivel del suelo, la atmósfera se presenta como un medio heterogéneo en perpetuo movimiento, en el cual evolucionan zonas de alta y baja presión y discontinuidades.

Procesos recurrentes

Los procesos que rigen la circulación atmosférica no son aleatorios. Están motivados, básicamente, por la energía solar, que constituye el motor de toda acción atmosférica, y por la rotación de la Tierra, que imprime una deformación a los movimientos de los centros de actividad y origina la fuerza de Coriolis, que desvía todo objeto en movimiento a la derecha en el hemisferio Norte, y a la izquierda en el hemisferio Sur.

Así pues, puede esquematizarse el emplazamiento y la marcha preferencial de los grandes centros de actividad, de masas de aire y de discontinuidades.

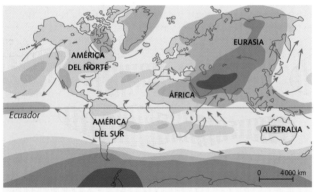

Circulación atmosférica en julio (hPA: hectopascal)

▰ < 1 000 hPa	▱ 1 010 a 1 015 hPa	▰ > 1 025 hPa
▰ > 1 000 a 1 005 hPa	▱ 1 015 a 1 020 hPa	▰ > 1 030 hPa
▰ > 1 005 a 1 010 hPa	▱ 1 020 a 1 025 hPa	

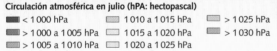

Los aportes de energía solar evolucionan según las estaciones, favoreciendo por turnos a cada hemisferio. Esto influye en la circulación atmosférica general: entre abril y setiembre, la depresión polar del Ártico se debilita. Los vientos del Oeste remontan en latitud y, con ellos, el cinturón anticiclónico que llega hasta los 40° N. La zona de convergencia intertropical se desplaza, igualmente, hasta 10-15° N.

Grandes franjas longitudinales

A escala planetaria, los centros de actividad se organizan en grandes franjas longitudinales, de forma paralela y simétrica al ecuador. El emplazamiento de dichos centros evoluciona según las estaciones, en función de que cada hemisferio reciba sucesivamente más o menos energía solar.

Por debajo de los polos, una zona de bajas presiones genera vientos del Este, fríos, secos y rápidos,

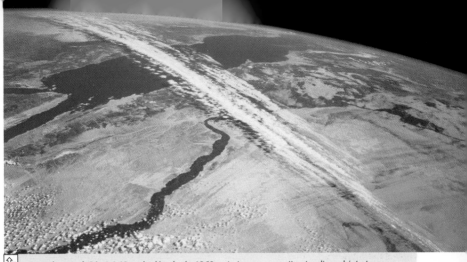

Captada por el Gémini 12 en la década de 1960, esta imagen permite visualizar el *jet-stream* situado en el este de África, el mar Rojo y la península arábiga.

que a menudo alcanzan los 200 km/h. En las latitudes medias, existen unas zonas de discontinuidad caracterizadas por los vientos del Oeste. En el hemisferio Norte, llevan las precipitaciones a las regiones templadas de América y de Eurasia; en el hemisferio Sur, donde no encuentran ninguna barrera montañosa, estos vientos suelen ser más intensos y regulares.

En las latitudes tropicales, se manifiesta una línea de altas presiones por medio de los anticiclones de las Azores (Atlántico norte), de Santa Elena (Atlántico sur), de la isla de Pascua (Pacífico sur), de California (Pacífico norte) y de las Mascareñas (océano Índico). Esta franja de altas presiones se caracteriza por la ausencia de viento. Aquí, unos intensos y regulares vientos del Este, los alisios, convergen hacia una zona de bajas presiones: la zona de convergencia intertropical, que está situada más o menos en el ecuador (entre 10° y 10° Sur).

> **LÉXICO**
>
> **[Masa de aire]**
> Unidad atmosférica bastante extendida con unas características (térmicas, higrométricas, etcétera) relativamente homogéneas.

En altitud

La base de esta actividad se sitúa en la troposfera, por debajo de los 10 km. Pero la situación atmosférica en altitud también está afectada por esta circulación general, porque si bien lo esencial de los movimientos tiene lugar en el sentido horizontal, también existen intercambios entre el suelo y las capas altas de la atmósfera.

Unos fuertes vientos recorren la estratosfera por encima de los 10 km. Se trata de las corrientes a chorro o *jet-stream*. Soplan de Oeste a Este entre 30° y 60° de latitud. En invierno, se subdividen en dos ramas: el *jet-stream* subtropical, el más regular e intenso, que sopla entre 11 y 14 km de altitud hacia los 30°, con una velocidad que puede alcanzar los 400 km/h, y el *jet-stream* polar, que circula a 9 o 10 km de altitud hacia los 60°. En invierno, las dos corrientes se debilitan y se acercan, situándose a 10 o 12 km de altura entre 40° y 50° de latitud.

Los anticiclones y las depresiones

La presión del aire atmosférico, parámetro del clima que es menos «patente» para nuestros sentidos, resulta determinante en la previsión meteorológica. Su desigual distribución origina los vientos.

Presión y campo de presión

La presión atmosférica se mide en el suelo y en distintas altitudes: cuanto más se asciende, más disminuye la presión. Posee un valor medio de unos 1 000 hPa (hectopascales) en la altitud 0, aproximadamente 850 hPa a 1 500 m, 200 hPa a 12 km y 10 hPa a 60 km. Pero la presión varía también en el plano horizontal. De esta forma, se distinguen unas zonas de altas presiones (anticiclones) y otras de bajas presiones (depresiones). Se crean entonces unas fuerzas horizontales que tienden a compensar tales desigualdades: los vientos.

Los anticiclones

En un anticiclón asciende la presión y desciende el aire (llamado «descendente»). Este aire impide la formación de nubes, por lo que, en general, el clima es agradable.

De forma muy esquemática, existen dos zonas de altas presiones permanentes en cada hemisferio: la primera se sitúa siguiendo la vertical de los polos y la segunda en las latitudes subtropicales. Los anticiclones polares, generados por el aire frío y estable que domina por encima de los polos, son poco densos, ya que desaparecen hacia los 1 500 m de altitud y se intensifican en invierno. Los anticiclones tropicales, correspondientes a la rama descendente de la célula de Hadley, forman un cinturón especialmente estable sobre los océanos; por encima de los continentes se intensifican en invierno (el aire frío, más denso, combina su efecto con el de la subsidencia dinámica) y se atenúan en verano, cuando las capas bajas se calientan bajo el efecto de los rayos solares.

Para estudiar el campo de presión, se traslada sobre un mapa la presión registrada en las estaciones meteorológicas. A continuación se trazan líneas de igual presión (las isobaras), las principales de las cuales son el anticiclón y la depresión, áreas definidas por líneas cerradas alrededor de un máximo o un mínimo de presión.
Otras líneas son los *talwegs* (valles de bajas presiones no cerradas) y las dorsales (zonas de altas presiones no cerradas). También hay zonas de presiones relativamente elevadas, que separan depresiones, y áreas extensas donde la presión varía muy poco.

El experimento de Torricelli

En 1643, Torricelli, que había sido ayudante de Galileo, llevó a cabo un experimento que demostró la existencia de la presión atmosférica. Por medio de un tubo lleno de mercurio estableció que el aire pesaba. Este experimento dio origen al barómetro, un instrumento empleado para medir la presión atmosférica.

Las depresiones

Las depresiones, o zonas de bajas presiones, son móviles y versátiles. En ellas el aire es, en general, ligero, y por lo tanto ascendente. A nivel del ecuador y también hacia los 50° o 60° de latitud de cada hemisferio se sitúan unas zonas de bajas presiones casi de forma permanente. En el primer caso, corresponden a la rama ascendente de la célula de Hadley y al calentamiento de las capas bajas de la atmósfera. En las latitudes medias, las bajas presiones se deben a la rama ascendente de la célula de Ferrel y se sitúan aproximadamente bajo el *jet-stream* subtropical. Las depresiones, de origen dinámico, pueden adquirir mayor intensidad al pasar por encima de corrientes marinas cálidas. Son extraordinariamente móviles y se desplazan a partir del Noroeste en el hemisferio Norte y del Suroeste en el hemisferio Sur. Por otra parte, en verano se forman depresiones estacionales a causa de la ascendencia térmica del aire en los continentes cálidos de latitudes tropicales y templadas, y, durante la estación cálida, por encima de los océanos de la zona intertropical (son las causantes de los ciclones tropicales).

Los movimientos

Las diferencias de presión generan fuerzas de compensación: los vientos. Cuando éstos se dirigen desde los anticiclones hacia las depresiones presentan, a veces, movimientos de difícil percepción a causa de la fuerza de Coriolis. En el hemisferio Norte, el aire gira en el sentido de las agujas del reloj en un anticiclón, y en sentido contrario en las depresiones.

Las altas presiones asociadas a los anticiclones no facilitan la formación de nubes, pero tampoco la impiden totalmente: el anticiclón de las Azores se acompaña a veces de nubes bajas y continuas, mientras que el anticiclón del Sahara (en la ilustración) deja penetrar algunos cúmulos.

La atmósfera en movimiento

Los vientos

> El viento es un parámetro climático muy sensible, y constituye la manifestación más evidente de la circulación atmosférica. Se genera a causa de los desequilibrios de la presión atmosférica, a la que tiende a compensar.

Desplazamientos de aire...

En principio, los vientos deberían desplazarse directamente desde las zonas de altas presiones hacia las de bajas presiones. Pero la fuerza de Coriolis, debida al movimiento de rotación de la Tierra, los desvía haciéndolos girar en el sentido de las agujas del reloj, en el hemisferio Norte, y en el sentido inverso en las depresiones.

En el hemisferio Sur, el sistema se invierte. Los puntos de la superficie terrestre con igual presión atmosférica se representan por medio de una línea que los une, denominada «isobara». Cerca del ecuador, donde la fuerza de Coriolis es menos activa, los vientos se desplazan perpendicularmente a las isobaras. Por otra parte, su dirección desde los anticiclones hacia las zonas de bajas presiones sigue un ángulo entre isobaras de 10º a 15º sobre los océanos, y de 30º sobre los continentes.

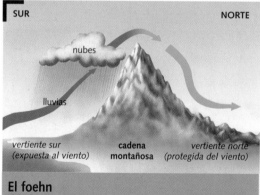

SUR NORTE

nubes

lluvias

vertiente sur (expuesta al viento) cadena montañosa vertiente norte (protegida del viento)

El foehn

El *foehn* es un viento cálido, seco y veloz, que sopla en los flancos de las barreras montañosas. Denominado *chinook* en Estados Unidos o *afghanets* en Asia central, un *foehn* se forma por el enfriamiento del aire húmedo en la vertiente expuesta al viento, lo que provoca condensación, nubes y precipitaciones. Liberado de su humedad, desciende por la pendiente protegida del viento, seco y recalentado, debido a la transformación del calor latente en calor sensible.

...y de energía

Los vientos no solamente desplazan enormes masas de aire, sino que también mueven importantes cantidades de energía bajo la forma de calor latente (debido a los cambios de fase de las sustancias) o no («calor sensible»).

A escala planetaria, la distribución de los vientos desemboca en una transferencia del aire frío hacia el ecuador y del aire cálido hacia los polos. Los vientos tienen las características higrotérmicas de las zonas de las cuales proceden, pero se modifican en función de las superficies sobre las que se desplazan. Por ejemplo, un viento seco en su origen que pasa durante cierto tiempo por el océano se volverá progresivamente más húmedo.

Los grandes regímenes de vientos

En la Tierra, los vientos mantienen una estrecha relación con los emplazamientos de los grandes centros de acción. Así, los vientos polares del Este, que soplan por encima de los 60°, divergen del anticiclón polar hacia las latitudes medias. Las corrientes del Oeste de las latitudes medias (entre 30 ° y 60°) se corresponden con el cinturón de bajas presiones de estas latitudes. Los alisios, que soplan del Noreste hacia el Suroeste en el hemisferio Norte, y del Sureste hacia el noroeste en el hemisferio Sur, divergen de la zona de altas presiones de las latitudes tropicales y convergen hacia el cinturón de bajas presio-

Esta imagen
representa el océano Pacífico _____ y los vientos que circula por él: dos tifones se encuentran al Sur y al Este de Japón. Especialmente violentos, provocarán graves daños. En el hemisferio Sur, se pueden apreciar los 40° rugientes y los 50° aulladores. En el ecuador, a cada lado de una zona de calma meteorológica, los vientos alisios se visualizan en color rosa.

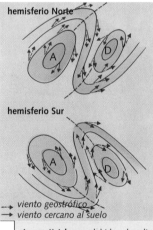

hemisferio Norte

hemisferio Sur

‣ *viento geostrófico*
→ *viento cercano al suelo*

Los anticiclones, debido a las altas presiones, tienen tendencia a «expulsar» el aire. Pero a ello se opone la fuerza de Coriolis, que ejerce una presión sobre los cuerpos en movimiento que hace que se dirijan hacia la derecha en el hemisferio Norte, y hacia la izquierda en el hemisferio Sur.

nes ecuatoriales. Los monzones son vientos de la zona intertropical cuya orientación se invierte a su paso por el ecuador. En invierno soplan del Norte hacia el Sur y a la inversa en verano. En general, todos estos vientos evolucionan según las estaciones: se refuerzan, se debilitan hasta desaparecer y se desplazan hacia el Norte o hacia el Sur en función de la fuerza de los centros de acción que los dirigen. Los grandes relieves como las montañas Rocosas y los Andes forman barreras que modifican de manera importante el esquema planetario. A escala regional, cada lugar presenta vientos específicos que dependen del campo de presión local, el cual, a su vez, está vinculado a las condiciones de la superficie: presencia de agua, de glaciares, de desiertos, de relieves, etcétera. En la altitud, donde la influencia de los relieves y de la rugosidad del suelo se atenúa, se registran los mayores índices de velocidad del viento, ya que los *jet-stream* pueden alcanzar los 400 km/h.

Ciclones y tornados

Estos fenómenos, las manifestaciones más excepcionales de las fuerzas contenidas en la atmósfera, alcanzan récords en la velocidad del viento, los vacíos barométricos y las precipitaciones.

Estructuras en torbellino

Los ciclones y los tornados son formaciones atmosféricas en torbellino que vienen acompañadas de unos fuertes vientos. Los ciclones se forman en los océanos de la zona intertropical durante la estación cálida. Tienen un diámetro de unos centenares de kilómetros, duran unas semanas y van acompañados de intensas lluvias.

Los tornados tienen una dimensión más reducida (unas decenas de metros), se desplazan con gran rapidez y tienen una duración de entre unos minutos y unas horas.

Los nombres de los monstruos

Desde 1953, y a fin de diferenciarlos, los ciclones tropicales se bautizaron con un nombre. El primer ciclón del año en cada región lleva un nombre que empieza por A, el segundo por B y, así, sucesivamente. Hasta 1978 los nombres eran exclusivamente femeninos. Pero a partir de esta fecha, gracias a la presión de las feministas estadounidenses, que argumentaban que los hombres eran tan imprevisibles como las mujeres, los nombres son alternativamente masculinos y femeninos.

Se forman, sobre todo, en las superficies continentales cálidas. Algunos tornados menos violentos, sin embargo, se forman sobre el mar: se les denomina «trombas».

Los ciclones

Denominados «tifones» cuando se sitúan en la zona oeste del Pacífico, los ciclones se forman sobre los océanos recalentados, a finales de verano, cuando la temperatura del agua alcanza los 27 °C en unos metros de profundidad. Las capas bajas de la atmósfera se calientan y se inicia entonces la ascendencia, reforzada por una convergencia en el suelo y

Cuando un ciclón se desplaza sobre un océano cálido, se refuerza: al llegar sobre una masa de agua fría o un continente, el aire húmedo y cálido que puede transformarse en movimiento se reduce y el ciclón se debilita definitivamente. Esto es lo que probablemente se está produciendo con este ciclón que se aproxima a América Central.

una divergencia en altitud, ya que se sitúa en las proximidades de la zona de convergencia intertropical. Los ciclones «maduros» alcanzan de 500 a 1 000 km de diámetro. El ojo es una zona de calma cuyo diámetro, de 10 a 100 km, se va reduciendo a medida que se forma el ciclón. El diámetro de la corona principal (en la que el viento puede superar los 300 km/h y las nubes cumuliformes, erigidas en forma de muralla, se elevan hasta los 15 km) mide entre unas decenas de kilómetros y 200 km. La presión es muy baja, las lluvias abundantes y la temperatura elevada. La corona exterior, de una amplitud de entre 100 y 200 km, corresponde a una zona de aceleración de los vientos que alimentan el ciclón por la base. Las nubes se enrollan en ella formando entre dos y siete espirales alrededor del ojo. Los ciclones se

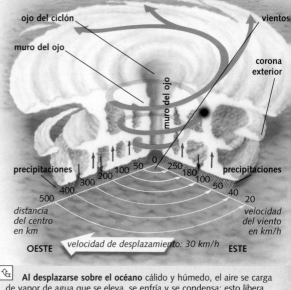

Al desplazarse sobre el océano cálido y húmedo, el aire se carga de vapor de agua que se eleva, se enfría y se condensa: esto libera una parte importante de energía que se transforma en movimiento en el centro del ciclón. Así, la depresión central (ojo del ciclón) aspira el aire de la periferia y lo eleva formando un torbellino.

desplazan de Este a Oeste a una velocidad media de 30 km/h. Como término medio, se forman unos cuarenta al año. La previsión y la protección continúan siendo los únicos medios para evitar el riesgo que entrañan.

Los tornados

Los tornados se forman cuando existen importantes diferencias de temperatura entre el aire caliente y húmedo de la superficie y el aire muy frío de la alta troposfera, hacia los 10 km de altitud.

El aire caliente y húmedo asciende bruscamente, se enfría y se condensa, formando así un torbellino de nubes. Los tornados, a menudo surgidos de tempestades y fuertes vientos, se presentan como una columna en forma de embudo que proviene de un cumulonimbo y se dirige hacia el suelo. El color de la tuba depende del polvo que se desprende del suelo. Los frotamientos generados emiten un ruido semejante al de la turbina de un avión.

Al contrario que los tornados que se forman sobre los continentes, las trombas tienen su origen en el mar. Es poco frecuente observar una tromba doble como aquí (imagen tomada en el Suroeste de Francia, el 17/10/2002).

Los tornados, unos fenómenos de pequeñas dimensiones, de duración reducida y que evolucionan en trayectorias limitadas a unas decenas de kilómetros, tienen una difícil previsión.

Las interacciones océano-atmósfera

El océano ejerce una gran influencia en las regiones que lo rodean —temperaturas suaves, precipitaciones elevadas y vientos fuertes y frecuentes—, así como en la atmósfera en general.

La energía solar, la rotación de la Tierra y los vientos son los principales motores de la circulación oceánica. Los relieves submarinos, la temperatura y la salinidad del agua modifican estos principios. En esta imagen, en colores artificiales, se indican en amarillo y en rojo las corrientes cálidas como la del Golfo, y en violeta las frías como la de Humboldt en las costas de América del Sur.

Capacidad de almacenamiento energético

Los océanos y los mares ocupan más de un 71 % de la superficie terrestre y concentran un 97 % del agua de ésta. Gracias a este gigantesco depósito, la atmósfera, mediante la evaporación, hace acopio de vapor de agua. El océano constituye también un regulador térmico, puesto que las corrientes oceánicas desplazan masas cálidas del ecuador hacia los polos y las masas glaciales hacia el ecuador. Las cantidades de energía transferidas tienen una mayor importancia por el hecho de que los océanos, debido a su dimensión, reciben una parte considerable de la energía solar y también porque poseen la capacidad de almacenarla. Por último, las corrientes oceánicas desplazan masas de agua (por tanto, reservas térmicas) a unas distancias muchísimo mayores y con una mayor eficacia que las corrientes atmosféricas, que transfieren la energía en sucesiones de masas de aire.

Transferencias de energía

Así pues, la circulación oceánica asegura una parte importante de las transferencias térmicas entre las zonas cálidas y las frías. La energía retorna posteriormente a la atmósfera, en forma de calor sensible por el contacto entre la masa de aire y el océano, o de calor latente a través del vapor de agua. Las corrientes de superficie, al trasladar energía a unas regiones a veces muy lejanas, ejercen una clara influencia en el clima, como en el caso de la suavidad térmica de la corriente del Golfo sobre la fachada oeste de Europa. La influencia es, a veces, más compleja: la corriente de Humboldt, a lo largo de las costas de Perú, genera un enfriamiento de las capas bajas de la atmósfera, lo que impide la formación de nubes y, por consiguiente, de precipitaciones; el litoral es desértico.

> **LÉXICO**
>
> **[Calor latente]**
> Energía absorbida o desprendida por una sustancia a raíz de un cambio de fase (fusión, vaporización, condensación).
> **[Calor sensible]**
> Modifica la temperatura de los cuerpos.

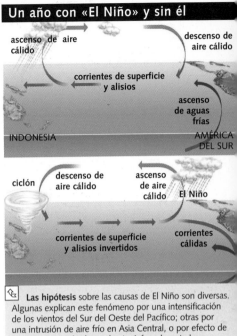

Un año con «El Niño» y sin él

Las hipótesis sobre las causas de El Niño son diversas. Algunas explican este fenómeno por una intensificación de los vientos del Sur del Oeste del Pacífico; otras por una intrusión de aire frío en Asia Central, o por efecto de las cenizas expulsadas en la atmósfera durante las erupciones volcánicas. En todos los casos, la atmósfera y el océano están en constante interacción.

Unas interacciones complejas

En las complejas relaciones existentes entre la atmósfera y los océanos, ocupa un lugar especial el fenómeno oceánico El Niño (documentado en archivos desde el siglo XVII). Determinados años, en diciembre, a lo largo de las costas peruanas, las aguas de la superficie alcanzan un punto culminante de recalentamiento que origina repentinamente lluvias diluvianas. Recientemente se ha sabido que esta corriente oceánica, El Niño, provoca una alteración de la circulación atmosférica general que se manifiesta en el conjunto del planeta, sobre todo en la zona intertropical.

> **Velocidad de las corrientes marinas**
>
> Las corrientes profundas circulan lentamente. Se estima que hacen falta 1 000 años para que el agua pase desde las profundidades del Atlántico norte hasta la corriente circumpolar del hemisferio sur. Las corrientes de superficie son, generalmente, más rápidas. Las vinculadas a los alisios recorren 60 km al día, y la más rápida de las corrientes, la de Somalia, puede recorrer 250 km al día.

Un pozo para el carbono

Los océanos ejercen influencia en la composición de la atmósfera. El océano absorbe un 25 % del carbono emitido (por las actividades humanas, por ejemplo) por disolución en las aguas de superficie por transferencia, mediante la mezcla, en las profundidades.

La temperatura y la insolación forman parte de los parámetros que determinan de una forma fundamental el clima en un lugar. Pero su cometido va mucho más allá: la insolación, manifestación tangible de los aportes energéticos que proporciona el Sol, es el principal motor de la circulación atmosférica y de la circulación oceánica. También tiene un papel destacado en la evaporación, es decir, el proceso que inicia las precipitaciones. Por el contrario, la diferencia de la aportación solar en la superficie de la Tierra justifica las corrientes aéreas y marinas que tienden a compensar estas desigualdades.

El Sol aporta a la Tierra casi toda la energía (sólo una ínfima parte proviene de medios internos como, por ejemplo, la actividad volcánica). Esta energía pone en marcha la máquina atmosférica.

La insolación
y la temperatura

La insolación
y la radiación

La insolación depende de la estación, así como de la nubosidad y de los efectos pantalla relacionados con el relieve. La insolación también se capta por la irradiación solar.

La insolación

La insolación corresponde al período en el que un lugar concreto experimenta la radiación directa del sol. En el ámbito terrestre, los períodos de insolación de mayor duración se observan en los desiertos subtropicales: 3 900 horas en el desierto de Arizona, 3 600 horas en Egipto. Los períodos de menor duración se observan en las latitudes altas de las regiones oceánicas (norte de Escocia, por ejemplo, con un total de 1 050 horas). Esta desviación de lo simple a casi el cuádruple ilustra perfectamente el papel que ejercen las nubes en los períodos de insolación, al no dejar pasar los rayos del sol.

☞ **La insolación en un lugar** determinado depende de su situación geográfica. En la montaña, como aquí en sierra Nevada en California (Estados Unidos), las pantallas pueden reducir sensiblemente la duración de la insolación y, por tanto, de las aportaciones energéticas.

En realidad, si se deja a un lado la nubosidad y las sombras proyectadas por los relieves, cada lugar del planeta es susceptible de recibir el mismo número de horas de insolación durante un año. Se habla entonces de «período máximo teórico de insolación», que se sitúa alrededor de 4 380 horas al año. Éstas se distribuyen de forma muy contrastada según la latitud.

En el ecuador, lo hacen de manera uniforme todos los días del año. En el polo, siempre considerando el período de un año, se distribuyen entre una noche muy larga y un día muy largo. Entre ambos existe un abanico de situaciones que va desde lugares con noches bastante largas y días más bien cortos hasta zonas del planeta en que ocurre exactamente lo contrario.

La nubosidad y el relieve

Las diferencias entre el período máximo teórico y el observado a menudo tienen alguna relación con la nubosidad. La fracción de insolación corresponde a la relación entre estos dos valores: suponiendo que, en un lugar concreto, el sol haya brillado durante la mitad del tiempo, la fracción de insolación será del 50 %. En el ámbito local, la insolación puede verse también reducida por los efectos pantalla. Es lo que ocurre muchas veces en los valles

Especialmente explotada en regiones con fuerte insolación, la energía solar puede también utilizarse en situaciones a priori menos favorables, como en el caso de las regiones de clima oceánico. Aquí, se considera una fuente de energía complementaria.

de montaña, donde el relieve retrasa la radiación solar en un punto concreto por la mañana y la avanza por la tarde. En los valles encajonados o en las laderas orientadas al Norte, esto puede representar un déficit orientadas varias horas de insolación al día.

La energía solar

Probablemente el hombre ha utilizado desde siempre la energía del sol y su capacidad desecadora. Hoy en día, unos colectores térmicos y fotovoltaicos convierten los fotones de la radiación solar en calor o en electricidad. Esta aplicación, en constante desarrollo en los lugares aislados, permite producir electricidad en el lugar de consumo sin necesidad de disponer de una red de transporte y de distribución. Sin embargo, se han desarrollado centrales termodinámicas en las que la energía solar vaporiza el agua accionando alternadores.

México, del Sahara y de la península Arábiga). Una segunda (radiación de entre 5 y 6 kWh/m^2) se sitúa en el trópico de Capricornio (América del Sur, desierto de Namibia y Australia). Entre las dos franjas, a nivel del ecuador, la irradiación es ligeramente menor, del orden de 4 kWh/m^2 y se debe a los efectos de la zona de convergencia intertropical en la que la formación de nubes es muy activa. Al subir de nuevo en latitud, la irradiación desciende: pasa a menos de 3 kWh/m^2 hacia los 50° en las regiones oceánicas y los 60° en las regiones continentales.

La irradiación solar

La irradiación solar supone la cantidad de energía que recibe una superficie durante un día. Se expresa en kilovatios hora por metro cuadrado (kWh/m^2). Los valores máximos se observan en las regiones tropicales. Una primera franja, en la que los índices se sitúan entre 6 y 7 kWh/m^2, forma un cinturón casi continuo en el trópico de Cáncer (desiertos de

Mapa (páginas siguientes)

Para describir la insolación en un lugar determinado, la medición no es suficiente: se sabe que una hora de sol en verano no es comparable a una hora de sol en invierno, y que una hora al amanecer no es lo mismo que otra al mediodía. Por este motivo se mide también la insolación en función de la energía realmente recibida (kWh por m^2 y por día).

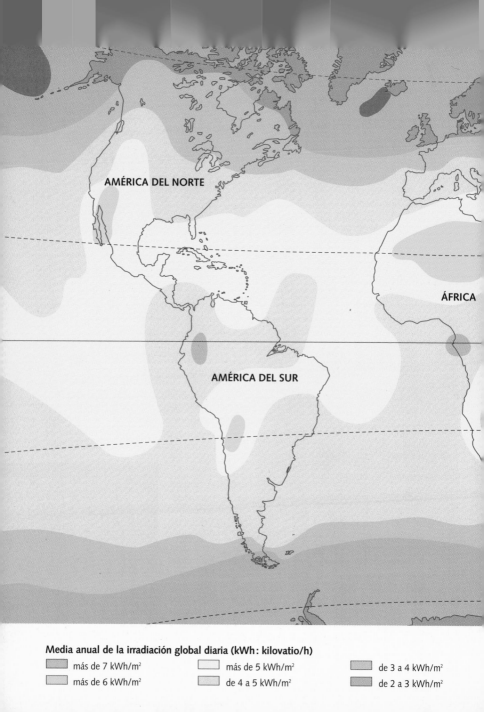

AMÉRICA DEL NORTE

ÁFRICA

AMÉRICA DEL SUR

Media anual de la irradiación global diaria (kWh: kilovatio/h)

- más de 7 kWh/m²
- más de 6 kWh/m²
- más de 5 kWh/m²
- de 4 a 5 kWh/m²
- de 3 a 4 kWh/m²
- de 2 a 3 kWh/m²

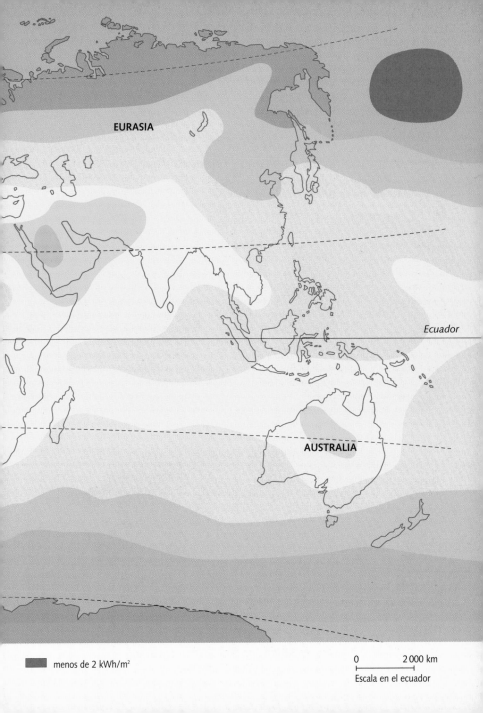

EURASIA

Ecuador

AUSTRALIA

███ menos de 2 kWh/m²

0   2 000 km
Escala en el ecuador

El Sol y la Tierra

La insolación y la radiación en un lugar determinado son funciones que corresponden, ante todo, al Sol y, por consiguiente, a las relaciones que mantiene dicho astro con su pequeño satélite, la Tierra.

Qué es lo que regula el período máximo de insolación

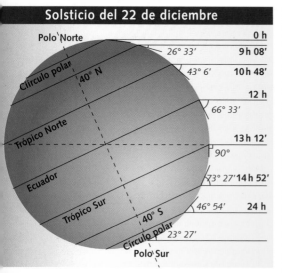

Solsticio del 22 de diciembre

Polo Norte	0 h
26° 33'	9 h 08'
40° N — 43° 6'	10 h 48'
	12 h
66° 33'	
Trópico Norte	13 h 12'
90°	
Ecuador	73° 27' 14 h 52'
Trópico Sur — 40° S — 46° 54'	24 h
Círculo polar — 23° 27'	
Polo Sur	

La Tierra gira alrededor de sí misma en 24 horas, lo que marca el ritmo de las alternancias día-noche.

A escala de un año, la Tierra gira alrededor del Sol y origina las estaciones. Esta revolución, que dura 365 días, 6 horas y 9 minutos, se lleva a cabo según una elipse en un plano en relación con el cual el eje de la Tierra presenta una inclinación de 23° 27'. Durante su revolución anual, la Tierra pasa por algunas posiciones destacadas: los solsticios de invierno y de verano, y los equinoccios de otoño y primavera.

El día del solsticio de verano (21 o 22 de junio en el hemisferio Norte y 22 o 23 de diciembre en el hemisferio Sur), al mediodía, el Sol se encuentra en la vertical del trópico del hemisferio situado a 23° 27' del ecuador. También a partir del solsticio de verano, más allá del círculo polar, situado a 23° 27' del polo, el Sol no se pondrá hasta el solsticio de invierno, 6 meses después. De esta forma, cada hemisferio vive su día más largo y su noche más corta, y la noche más larga y el día más corto. En el equinoccio, el 21 de setiembre o el 21 de marzo. Por el contrario, cada punto de la Tierra permanece iluminado durante 12 horas y, al mediodía, en el ecuador, el sol se sitúa en el cenit.

Una cuestión de inclinación

Etimológicamente, el término «clima» procede del latín clima, tomado del griego antiguo, klima, que significa «inclinación» (de un punto de la Tierra en relación con el Sol). Esto resume la importancia del ángulo de irradiación solar con respecto a una superficie terrestre.

Elementos que regulan la intensidad de la irradiación solar

La latitud constituye un factor determinante para la insolación y la irradiación. Condiciona el período máximo de insolación, así como la intensidad de la irradiación. En un lugar con-

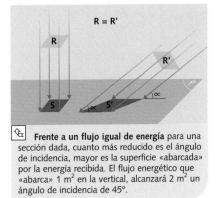

$R = R'$

Frente a un flujo igual de energía para una sección dada, cuanto más reducido es el ángulo de incidencia, mayor es la superficie «abarcada» por la energía recibida. El flujo energético que «abarca» 1 m² en la vertical, alcanzará 2 m² un ángulo de incidencia de 45°.

creto, la intensidad depende del ángulo de incidencia de la irradiación y de la capacidad que posea la atmósfera para «apagar» a ésta (refleja una parte de ella, propaga otra y, por último, absorbe una tercera). La importancia de este proceso de extinción depende de la densidad de la atmósfera que atraviesa: cuanto más oblicua sea la irradiación, mejor se propagará, absorberá y reflejará.

El efecto de extinción y el ángulo de incidencia suelen combinar sus efectos. En el ecuador, la extinción atmosférica es menor ya que, por una parte, la densidad de la atmósfera que atraviesa la irradiación es inferior y, por otra, la irradiación incidente llega perpendicularmente cada

LÉXICO

[Ángulo incidencia]
Aquél formado por la radiación directa y la superfície de recepción.

vez que el Sol se sitúa en el cenit, es decir, como mínimo una vez al día. Más allá del círculo polar, la energía recibida es débil en invierno a causa de la densidad de la atmósfera y del ángulo de incidencia de la irradiación, que es cada vez más oblicuo: de 46° 54' el día del solsticio de invierno al mediodía.

Consecuencias en cascada

La energía solar alimenta la circulación atmosférica y oceánica. Y también la explica: la circulación, al transferir masas de aire o de agua fría o caliente, tiende a compensar la desigualdad de las aportaciones energéticas.

En Laponia, en invierno, el Sol sale sólo algunas horas al día y, al elevarse débilmente en el horizonte, sus rayos inciden en ángulo oblicuo, motivo por el cual su poder energético es muy bajo: los inviernos son largos y fríos.

La insolación y la temperatura 47

El balance energético

Cada lugar de la superficie terrestre recibe energía y emite una parte de ella. El balance energético es la diferencia existente entre la cantidad de energía entrante y saliente.

El balance del planeta

Si consideramos globalmente la Tierra, la principal fuente de energía entrante es la irradiación solar. Representa un 99,8 % de aquélla y el resto está proporcionado por el calor interno del planeta. Las salidas de energía ocurren a través de la atmósfera, los continentes y los océanos. Globalmente, el balance energético (denominado también «balance radiativo») es igual a cero: libera la misma cantidad de energía que recibe. Sin embargo, ésta ha cambiado de forma: la absorción, la reflexión y la difusión han transformado la irradiación directa del Sol en irradiaciones difusas, indirectas o térmicas. Desde el punto de vista temporal, puede considerarse que, año tras año, el balance es estable. En cambio, puede evolucionar a más largo plazo, cuando, por ejemplo, aumentan o disminuyen los elementos que participan, en función de las evoluciones de la relación Tierra-Sol, o bien cuando el sistema océano-continente-atmósfera modifica la salida de la radiación.

Balance energético en la superficie de la Tierra

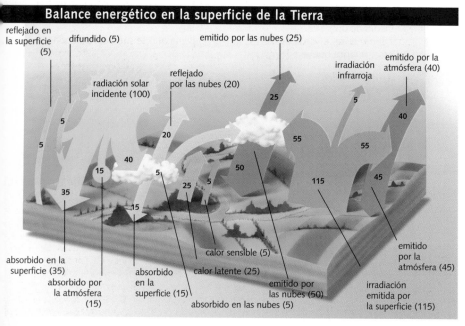

reflejado en la superficie (5)
difundido (5)
emitido por las nubes (25)
radiación solar incidente (100)
reflejado por las nubes (20)
irradiación infrarroja
emitido por la atmósfera (40)
absorbido en la superficie (35)
absorbido por la atmósfera (15)
absorbido en la superficie (15)
calor sensible (5)
calor latente (25)
emitido por las nubes (50)
absorbido en las nubes (5)
irradiación emitida por la superficie (115)
emitido por la atmósfera (45)

El albedo

El albedo es la relación existente entre la energía reflejada y la incidente en la longitud de onda de la luz visible. El albedo hace que los planetas «brillen»: éstos, al no poseer energía por sí mismos, reflejan una parte de la luz que reciben del Sol. El albedo depende de la inclinación de la irradiación incidente (cuanto más se aproxima la inclinación a la perpendicular, más importante es la reflexión) y de la naturaleza de la superficie reflectante. Para simplificar, la capacidad reflectante de una superficie se encuentra relacionada con su color: un cuerpo claro refleja con mayor facilidad que otro oscuro. Así, la nieve posee un albedo medio de 0,7,

Un componente importante del balance energético es el albedo o la porción de energía reflejada. Un suelo cubierto de nieve tiene un albedo más elevado que una pradera. Por este motivo, una modificación del albedo puede modificar los índices del balance energético local o global.

mientras que el de un bosque verde es de 0,2. El albedo planetario se sitúa aproximadamente en 0,3: esto significa que alrededor de un 30 % de la energía solar entrante parte de nuevo en forma de irradiación directa hacia el espacio. El albedo de los continentes es aproximadamente de un 34 %, mientras que el de los océanos es de un 26 % y el de las nubes de altitud media y baja se sitúa entre el 50 % y el 70 %.

El balance energético considerado en latitudes distintas

▌Balance energético para la clasificación de los climas

La mayor parte de las clasificaciones climáticas se basa en la temperatura y las precipitaciones. M. Budyko, geofísico ruso, elaboró una clasificación que depende de la distribución de la energía. Data de 1958, y es fruto de la formulación de las leyes de la termodinámica (finales del siglo XIX) y de los progresos en el instrumental utilizado; en este sentido, las mediciones de radiación empezaron a realizarse después de la Segunda Guerra Mundial con el invento de las fotopilas.

Si bien a escala planetaria el balance energético es igual a cero, en pocos lugares de la superficie terrestre encontramos, en cambio, el balance en equilibrio. Algunas zonas reciben más energía de la que emiten; otras, en cambio, emiten más de la que reciben. En general, los balances son excedentarios hasta los paralelos comprendidos entre 35° y 40°. En estas latitudes se igualan, y más allá pasan a ser deficitarios. Las variaciones en la cantidad de energía recibida y emitida condicionan el calentamiento o el enfriamiento del aire, factores que contribuyen en la distribución de los climas y en la circulación atmosférica.

La temperatura del aire

Teniendo en cuenta, en primer lugar, la radiación solar, la temperatura depende de la latitud. Son también determinantes la calidad de la atmósfera y la circulación atmosférica y oceánica.

La composición atmosférica

La radiación solar no es el único parámetro que interviene en la temperatura. De hecho, determinados gases atmosféricos absorben una parte de la radiación solar y la emiten de nuevo en otra longitud de onda (básicamente la infrarroja). El vapor de agua, el dióxido de carbono y algunos gases menores son, sobre todo, los que poseen esta capacidad de absorción; de ahí que la temperatura dependa, en parte, de la composición atmosférica y, en particular, de la higrometría, puesto que si ésta es elevada normalmente va acompañada de una intensa nubosidad, que reduce las consecuencias de las aportaciones solares. De esta forma, con una energía solar comparable, normalmente hace menos calor cerca de los océanos que en el interior de los continentes. También desempeñan un papel importante la densidad del aire y la presión atmosférica. Efectivamente, el calor está relacionado con la agitación y el frotamiento de las moléculas de gas; así, cuando ascendemos en altitud, en los puntos con menos aire, la temperatura desciende.

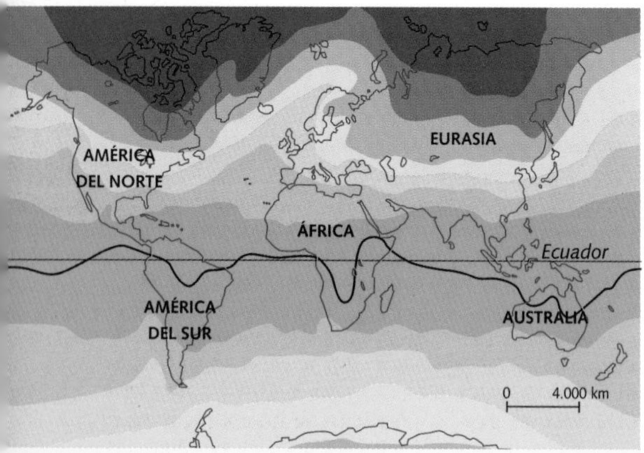

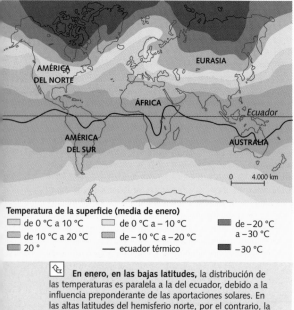

Temperatura de la superficie (media de enero)

- de 0 °C a 10 °C
- de 10 °C a 20 °C
- 20 °
- de 0 °C a – 10 °C
- de – 10 °C a – 20 °C
- — ecuador térmico
- de – 20 °C a – 30 °C
- – 30 °C

En enero, en las bajas latitudes, la distribución de las temperaturas es paralela a la del ecuador, debido a la influencia preponderante de las aportaciones solares. En las altas latitudes del hemisferio norte, por el contrario, la circulación atmosférica y la oceánica, así como la continental, compensan la debilidad de las aportaciones solares.

La circulación atmosférica y oceánica

Por otra parte, unas fuertes corrientes que desplazan las masas de aire y, al mismo tiempo, transportan grandes cantidades de energía, agitan la atmósfera. Gracias a la circulación atmosférica, una región específica puede recibir una masa de aire cuyas características pertenecen a su lugar de origen. Cuando la masa de aire se ha generado en las

🔍 **Para pasar de la fase líquida** a la fase gaseosa, los enlaces que unen las moléculas de agua deben romperse. Esto requiere energía que será restituida por medio de la condensación, cuando las moléculas vuelvan a unirse. Esta energía almacenada se denomina «calor latente».

regiones cálidas, proporciona a la zona afectada la temperatura de aquellos lugares. Por otra parte, cuando se suceden en una región dos masas de aire con características muy contrastadas, a menudo, en las perturbaciones de las latitudes medias, la discontinuidad entre las dos masas de aire, señalada por un frente en el mapa meteorológico, se traduce en unas modificaciones bruscas de la temperatura: la temperatura del aire desciende de forma súbita en pleno día o aumenta durante la noche.

La circulación oceánica, al transferir, asimismo, importantes masas de energía, hace patente su influencia. En este sentido, todo el mundo conoce la importancia de la corriente del Golfo en la fachada atlántica de Europa. Esta corriente oceánica permite que las regiones costeras disfruten de unas temperaturas especialmente suaves, teniendo en cuenta su latitud. En un ámbito más local, la temperatura depende, además, de factores geográficos, como la proximidad de un bosque o un lago, la naturaleza del terreno.

La distribución espacial de las temperaturas

A escala del planeta, las temperaturas se distribuyen, pues, según la latitud, pero también según la longitud, puesto que la mayor parte de los flujos atmosféricos posee un componente Oeste-Este. No obstante, en las latitudes medias es donde adquiere mayor relevancia la circulación atmosférica, mientras que en las latitudes altas y bajas los aportes de radiación conforman el factor determinante de las temperaturas.

La insolación y la temperatura **51**

Los ciclos de las temperaturas

La media de temperatura en un lugar determinado se calcula en diferentes escalas de tiempo (año, mes, día), si bien la diferencia entre las máximas y las mínimas describe la variedad de las situaciones térmicas.

La importancia de la situación geográfica

Pekín y Lisboa están situadas en la misma latitud y se benefician, por tanto, de una insolación teóricamente comparable. Sin embargo, sus climas son muy diferentes. Esto se debe a las diferencias de situación con respecto a la circulación atmosférica general.

Durante un año, las variaciones de temperatura dependen, básicamente, de las aportaciones solares. Esta influencia es más pronunciada en las latitudes medias y altas, donde las aportaciones solares son más contrastadas: en verano, hace bastante más calor que en invierno. Sin embargo, es también en las latitudes altas y medias donde, en invierno, la influencia de la atmósfera se convierte en la más importante: cuando el balance radiativo es más deficitario, los gases atmosféricos y, en particular, el vapor de agua, presentan una capacidad amortiguadora que permite que determinados lugares muy septentrionales puedan disfrutar de

Medición de la temperatura

La temperatura es una magnitud muy difícil de medir. Por esta razón, su obtención obedece a unas condiciones extraordinariamente precisas: se sitúa el termómetro (o el termógrafo) a 1,50 m de altura, en la sombra, en un lugar cubierto y con ventilación natural (en general, provisto de un enrejado). El cubierto se sitúa en una superficie separada de cualquier edificio y de todo tipo de vegetación u obstáculo (normalmente, cerca de un aeropuerto). Así las medidas pueden resultar comparables entre sí.

unas temperaturas relativamente suaves, en especial cuando la circulación atmosférica u oceánica aporta la energía de las regiones más meridionales. Nueva York y Pekín, por ejemplo, están situadas más o menos en la misma latitud (40° Norte); sin embargo, la primera es una ciudad litoral y la segunda continental. Las temperaturas medias de julio son comparables (alrededor de los 25 °C), mientras que las medias que registran en enero son contrastadas (1 °C en Nueva York y –6 °C en Pekín). Pero en invierno, como predomina la influencia de la higrometría, Nueva York recibe la mejor parte. Si se hace la comparación con Lisboa, situada también hacia los 40° norte, se constata que la temperatura media de julio desciende ligeramente (20 °C), mientras que la de enero es claramente más elevada (11 °C). Este hecho se explica porque la capital portuguesa se encuentra en una fachada marítima sometida a las corrientes del oeste.

La variación térmica

En términos generales, las variaciones térmicas entre verano e invierno son más pronunciadas en las latitudes altas, y este hecho se acentúa con la continentalidad: en las regiones continentales de Siberia y Canadá, la diferencia puede alcanzar 40 °C o incluso 50 °C. En las latitudes tropicales, sometidas a una intensa nubosidad y a una estación de lluvias, se alcanzan las temperaturas máximas al final de la estación seca, es decir, en primavera o a principios de verano. En la zona ecuatorial, apenas se distinguen las oscilaciones estacionales: la variación entre la estación «cálida» y la estación «fría» es de unos grados.

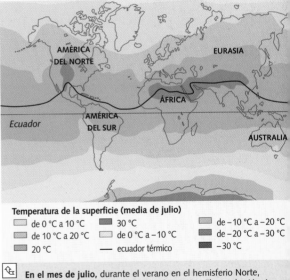

La inercia de la atmósfera

A causa de la inercia de la atmósfera, las temperaturas máximas y mínimas se alcanzan entre tres y siete semanas después del solsticio. Esta inercia influye en los ritmos diurnos: se dan las máximas unas decenas de minutos después del paso del sol por el cenit, y las mínimas después del alba.

Normalmente, el día es más cálido que la noche, aunque este principio puede verse alterado por el desplazamiento de una masa de aire de características precisas: una masa de aire cálido que llegue por la noche o una masa de aire frío que haga su entrada durante el día. En las regiones desérticas las variaciones diurnas pueden llegar a decenas de grados.

Temperatura de la superficie (media de julio)

de 0 °C a 10 °C	30 °C	de –10 °C a –20 °C
de 10 °C a 20 °C	de 0 °C a –10 °C	de –20 °C a –30 °C
20 °C	— ecuador térmico	–30 °C

 En el mes de julio, durante el verano en el hemisferio Norte, se alcanzan las máximas temperaturas planetarias. El ecuador térmico se desplaza hasta la latitud del trópico de Cáncer. En el hemisferio Norte, que recibe aportaciones solares importantes, las isotermas son paralelas al ecuador. La influencia oceánica es menos importante.

El efecto invernadero

Determinados gases atmosféricos el acristalamiento de un invernadero, pues dejan pasar la luz del sol y la transforman en radiación térmica (calor) que queda retenida.

El proceso

El efecto invernadero consiste en un proceso de calentamiento de la atmósfera, debido a la absorción de la radiación solar por parte de los gases atmosféricos. Una parte de la radiación ultravioleta es absorbida por el ozono estratosférico, mientras que el vapor de agua y los aerosoles captan una parte de la luz visible. Como promedio, la mitad de la radiación solar llega a la superficie de la Tierra, y ésta, por su parte, la absorbe y la refleja. La reflexión viene acompañada por un cambio de longitud de las ondas: la radiación se refleja sobre todo en los rayos infrarrojos. Ahora bien, la atmósfera es opaca a la radiación infrarroja, y la absorbe casi por completo. Este proceso de absorción (es decir, de almacenamiento) de la radiación visible y de la radiación infrarroja se denomina «efecto invernadero». Gracias a él, la temperatura media de la superficie de la Tierra es de 13 °C; sin él, sería de −18 °C. Se afirma que el efecto invernadero es de 33 °C.

De la misma forma que existe el efecto invernadero en el planeta, se encuentran también manifestaciones muy locales de este proceso: por ejemplo, en una noche de invierno, cuando el cielo está muy nuboso, la temperatura del aire es más elevada; o bien junto al mar, sobre todo por la noche, la temperatura es más suave que en el interior. En ambos casos, la capa nubosa y el vapor de agua forman un efecto invernadero en la superficie al retener la radiación infrarroja emitida por la Tierra.

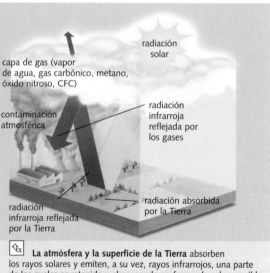

capa de gas (vapor de agua, gas carbónico, metano, óxido nitroso, CFC)

contaminación atmosférica

radiación infrarroja reflejada por la Tierra

radiación solar

radiación infrarroja reflejada por los gases

radiación absorbida por la Tierra

La atmósfera y la superficie de la Tierra absorben los rayos solares y emiten, a su vez, rayos infrarrojos, una parte de los cuales es retenida y almacenada en forma de calor sensible por los gases responsables del efecto invernadero (vapor de agua, dióxido de carbono, metano, etcétera.). Este proceso permite que la temperatura media de la Tierra se mantenga moderada y regular.

Gases involucrados

Dicho proceso de almacenamiento depende de la composición de la atmósfera, pues no todos los gases atmosféricos poseen la misma capacidad de absorción de la radiación. Normalmente, los componentes de menor importancia son los que poseen esta capacidad, y su presencia en el aire varía. Al estar el contenido de vapor de agua tan íntimamente vinculado a la temperatura, este sistema puede autoabastecerse fácilmente. Algunos gases dependen de la actividad vegetal: se han registrado, por ejemplo, lejos de todo centro urbano, unos índices de dióxido de carbono que oscilan anualmente. En primavera, en el hemisferio Norte (que dispone de la mayor extensión de tierras emer-

Cuando se queman energías fósiles, básicamente compuestas de carbono almacenado en la era primaria, en actividades como la industria y el transporte se favorece el aumento de dióxido de carbono en la atmósfera, una de las principales causas del efecto invernadero.

gidas), cuando se reanuda la actividad vegetal, el contenido de dióxido de carbono desciende, gracias a la vegetación que absorbe el carbono para asegurar su crecimiento mediante la fotosíntesis. En otoño, cuando disminuye la actividad fotosintética, aumenta de nuevo el contenido en dióxido de carbono. A escala de un año, el balance es nulo, puesto que el carbono fijado por la vegetación pasa de nuevo a la atmósfera con la putrefacción de la materia vegetal.

El impacto de las actividades humanas

Si bien la mayor parte de estos gases no están vinculados con las actividades humanas, algunas de éstas acentúan su concentración: es el caso de la combustión de energías fósiles (gas natural, petróleo y carbón), ya que se desprende dióxido de carbono, metano y óxido nitroso. La liberación de estas masas de carbono puede provocar un efecto invernadero.

Gases con efecto invernadero				
CO_2	CH_4	N_2O	CFC-11	CFC-12
1	32	150	14 000	17 000
55 %	15 %	4 %	7 %	12 %

Estos ejemplos demuestran la eficacia radiativa de ciertos gases, es decir, su capacidad de absorción de la radiación infrarroja (tomando como referencia el CO_2, unidad 1) y su contribución relativa en el aumento del efecto invernadero del planeta (última línea).

En la atmósfera, el agua se halla en tres estados: líquido (lluvia o nubes), sólido (granizo o nieve) y gaseoso (vapor). El contenido del aire en agua tiene una serie de repercusiones que pueden afectar al conjunto de la máquina atmosférica: la capacidad del vapor de agua para restituir la energía que, a veces, se halla muy lejos del lugar donde se ha formado, la convierte en uno de los engranajes fundamentales de la regulación climática planetaria. La pluviometría (medida de las precipitaciones) y la higrometría (medida de la humedad) son factores esenciales para la vida; las precipitaciones abundantes o demasiado débiles pueden tener consecuencias dramáticas.

Si en las medias y altas latitudes, las estaciones están condicionadas por los ciclos de las temperaturas, en las latitudes tropicales y ecuatoriales, son los ciclos pluviométricos los que imponen el ritmo.

El agua
en la atmósfera

La distribución mundial de las precipitaciones

Existe una gran diversidad de situaciones pluviométricas: ausencia de lluvias durante varios años seguidos, precipitaciones diarias o estaciones de lluvias muy delimitadas.

En la superficie de la Tierra, las situaciones pluviométricas presentan una gran variedad. En algunas regiones, las precipitaciones anuales son de unos diez metros. Para estos pueblos, como aquí, en Indonesia, estas lluvias son un maná que necesita, sin embargo, acondicionamientos específicos.

Los grandes cinturones paralelos al ecuador

A escala planetaria, la distribución de las precipitaciones depende de la posición de los centros de acción, de las grandes corrientes atmosféricas y de la proximidad de los océanos y los relieves. Existe un cinturón donde las lluvias son particularmente abundantes, siempre superiores a 2 m al año: la zona ecuatorial, marcada por la convergencia intertropical. A una latitud superior, en torno a los 40 o 50º Norte y Sur, otras dos franjas con una pluviometría elevada corresponden a las corrientes del Oeste y a las perturbaciones que transmiten. Entre estas dos franjas y el cinturón ecuatorial, a unos 20 o 30º Norte y Sur, se hallan otras dos zonas simétricas de pluviometría escasa, que corresponden a las altas presiones subtropicales. Las latitudes que están cerca de los polos son también zonas áridas.

La proximidad de los océanos

A esta distribución latitudinal, se superpone una asimetría Este-Oeste: en las bajas latitudes, las vertientes orientales de los continentes son más lluviosas que las occidentales a causa de los alisios, unos vientos húmedos que soplan del noreste al suroeste en el hemisferio Norte, y del sureste al noroeste en el hemisferio Sur. En las latitudes medias, afectadas por las corrientes del oeste, sucede lo contrario: las vertientes occidentales son más lluviosas. En ambos casos, la pluviometría disminuye a medida que el flujo penetra en el continente y pierde la humedad. Por último, los relieves, en particular las Rocosas, los Andes y el Himalaya, forman unas barreras que,

En algunos desiertos (en la ilustración, el de Nevada en Estados Unidos), no hay precipitaciones en todo el año. Esto imposibilita el desarrollo de asentamientos humanos, ya que el agua es indispensable para la vida.

La medición de las precipitaciones

El nivel de las precipitaciones se mide con un pluviómetro (de lectura manual) o un pluviograma (de lectura automática). El borde del receptáculo debe situarse a 1,50 m de altura en un terreno al aire libre. Un milímetro de agua recogido corresponde a un volumen de 1 litro por m².

a menudo, resultan infranqueables para los flujos húmedos. Por esta razón se crea una disimetría entre la vertiente situada frente a las corrientes húmedas y la que se halla de espaldas a la corriente, donde, a veces, se originan auténticas bolsas de aridez. Ocurre lo contrario en los grandes lagos interiores, tales como los Grandes Lagos norteamericanos o el mar Caspio, que permiten que los flujos se carguen de agua.

La estación cálida es la más húmeda

En cuanto a los regímenes pluviométricos, existe una gran diversidad de situaciones. La franja ecuatorial se caracteriza por tener unas precipitaciones que se distribuyen uniformemente durante el año. En una latitud más elevada, las regiones tropicales tienen una o dos estaciones de lluvia relativamente próximas al solsticio de verano. Cuanto mayor es la latitud, más breve es la estación de las lluvias. Hacia las latitudes medias y altas, las precipitaciones son más importantes en verano que en invierno, ya que con el calor se acentúa la evaporación y la formación de nubes tormentosas, mientras que en invierno las altas presiones impiden la formación de lluvias.

Mapa *(páginas siguientes)*

La distribución mundial de la pluviometría está relacionada íntimamente con las temperaturas (que influyen en la capacidad de evaporación del aire), con los centros de acción (que condicionan los procesos que rigen la formación de las precipitaciones), con los océanos, sobre los cuales las masas de aire se cargan de vapor de agua y, por último, con los relieves, ya que facilitan el desencadenamiento de las precipitaciones.

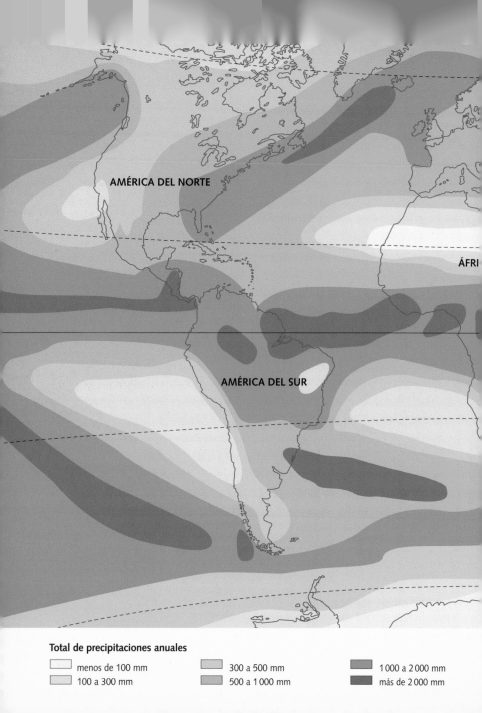

AMÉRICA DEL NORTE

ÁFRI

AMÉRICA DEL SUR

Total de precipitaciones anuales

- menos de 100 mm
- 100 a 300 mm
- 300 a 500 mm
- 500 a 1 000 mm
- 1 000 a 2 000 mm
- más de 2 000 mm

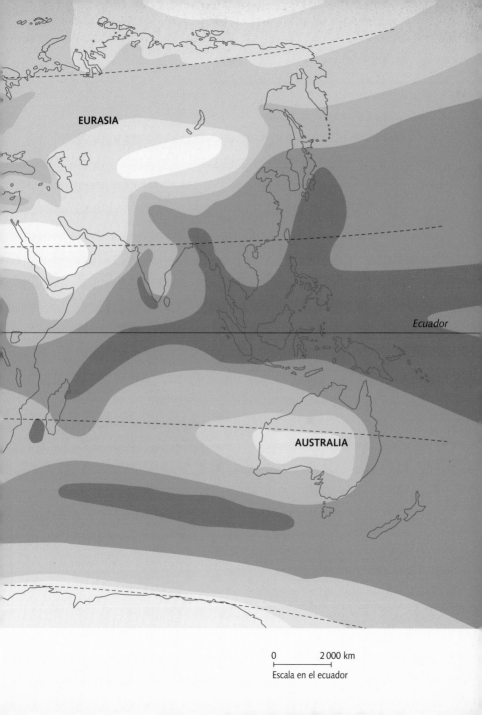

EURASIA

Ecuador

AUSTRALIA

0   2 000 km

Escala en el ecuador

La higrometría

La higrometría, la medida del vapor de agua que contiene el aire, varía según la temperatura y la presión. Sólo se forman precipitaciones cuando el aire está saturado de vapor de agua.

El vapor de agua en la atmósfera

En la capa baja de la atmósfera, por debajo de 6 km, el aire contiene siempre vapor de agua. Ésta representa el 90 % del agua atmosférica. Incluso en las regiones muy secas, es poco frecuente una humedad relativa del 20 %, mientras que en las templadas se alcanza muy a menudo, prácticamente cada día, una humedad relativa del 90 %. En general, el aire se considera seco cuando contiene menos de un 35 % de humedad relativa, y húmedo cuando supera el 70 %.

Elementos que influyen en la higrometría

La humedad relativa es la magnitud más utilizada para describir el estado higrométrico del aire: la masa de agua contenida en un volumen de aire se relaciona con la masa máxima que puede contener este volumen de agua a una temperatura y a una presión determinadas.

Los satélites meteorológicos realizan mediciones a través de un canal y se establecen a partir de la absorción, por parte del vapor de agua, de la señal que transmiten. En este tipo de imagen, la superficie del planeta es invisible: sólo aparecen los torbellinos correspondientes a los centros de acción, a los *jet-stream* y a la cima de las nubes.

Es el valor que proporciona la información más fiable sobre la proximidad del aire respecto a su punto de saturación de agua, estadio a partir del cual pueden desencadenarse la condensación (el paso a la fase líquida) y la precipitación.
La masa de vapor de agua que puede contener un volumen de aire aumenta con la temperatura, y el punto en que se alcanza la saturación se denomina

Un instrumento: el cabello

El higrómetro de cabellos, que data de 1783, es el instrumento más extendido para medir la humedad del aire. Está basado en la capacidad del cabello de cambiar de longitud en función de la humedad ambiente, de manera que se encoge cuando el ambiente es seco y se alarga cuando el aire es húmedo. El higrómetro de cabellos se considera fiable, por lo menos para valores de humedad relativa superiores al 20%.

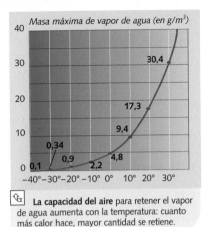

Masa máxima de vapor de agua (en g/m³)

40	
30	30,4
20	17,3
10	9,4
	0,34
0	0,1 0,9 2,2 4,8

−40° −30° −20° −10° 0°   10° 20° 30°

La capacidad del aire para retener el vapor de agua aumenta con la temperatura: cuanto más calor hace, mayor cantidad se retiene.

«temperatura del punto de rocío». La presión atmosférica influye también en la humedad del aire; cuando la presión aumenta, éste se contrae, mientras que la masa de agua contenida no cambia. La humedad se incrementa, pues, de forma relativa con respecto al volumen de aire, que se ha reducido. Inversamente, cuando la presión desciende, el aire se distiende, y la cantidad de agua se dispersa en un mayor volumen. La humedad relativa desciende. Estos dos procesos, el cambio de temperatura y el de presión, desempeñan un papel importante en la condensación y, por tanto, en la formación de precipitaciones.

La distribución de la higrometría

A escala planetaria, la distribución de la humedad corresponde, a grandes rasgos, a la de las temperaturas. La humedad disminuye desde el ecuador hacia los polos. La proximidad de una reserva de agua líquida también ejerce un papel destacado: la humedad desciende a medida que nos alejamos de los océanos y aumenta la continentalidad. La circulación atmosférica, al aportar masas de aire húmedo, puede compensar el alejamiento del mar o la latitud. La humedad atmosférica es muy sensible a las situaciones locales: la presencia de un lago, una marisma, un bosque o, por el contrario, una superficie rocosa despoblada puede modificar de forma notable la proporción de agua en el aire. Debido a la importancia de la presión y la temperatura, la humedad atmosférica también es muy sensible a la altitud.

La humedad relativa evoluciona siempre en función de la temperatura y la circulación atmosférica. A escala diaria sigue el ritmo de las temperaturas.

Una de las características de nuestro planeta consiste en contener agua en todos sus estados —líquido, sólido y gaseoso—, y esto es lo que muestra esta imagen captada por un satélite en la que se puede observar el lago Léman, glaciares alpinos, formaciones nubosas, etcétera. Por el contrario, el vapor de agua no es visible, aunque este gas se encuentra presente en toda la superficie terrestre, incluso en los desiertos más áridos

El agua en la atmósfera

El ciclo del agua

> En el planeta, el agua está continuamente en movimiento;
> pasa del estado líquido al gaseoso o al sólido. El conjunto
> de estos desplazamientos, cambios de estado y migraciones
> se denomina «ciclo del agua».

El agua en la Tierra: las diferentes reservas

Se estima que la cantidad de agua disponible en la Tierra es de 1 370 millones de km³, el 97 % de los cuales se halla en los océanos y el 2 % en los glaciares. El 1 % restante se encuentra en las capas freáticas, los lagos, el agua del suelo, los ríos y los organismos vivos. El agua que contiene la atmósfera representa menos del 0,001 % del conjunto del agua terrestre. A pesar de esta cantidad relativamente baja, la atmósfera desempeña un papel

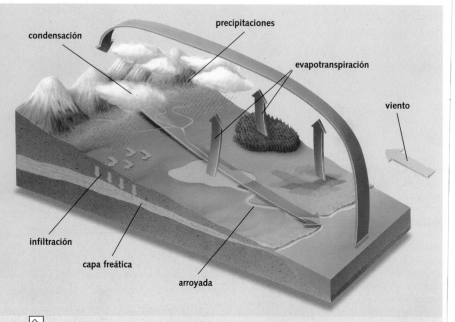

condensación

precipitaciones

evapotranspiración

viento

infiltración

capa freática

arroyada

La **parte atmosférica** del ciclo del agua, es decir, la reserva de agua que se evapora y se restituye después en forma de lluvia cada año, se evalúa en 496 000 km³. La evaporación sería de 423 100 km³ en los océanos frente a 72 900 km³ en los continentes. Las precipitaciones serían de 385 700 km³ en los océanos y de 110 300 km³ en los continentes.

particular debido al vapor de agua que circula por las corrientes atmosféricas y que, a veces, puede condensarse muy lejos del lugar en el que se ha formado. El vapor de agua pone, pues, en contacto reservas y puntos geográficos muy alejados. De hecho, se estima que el tiempo medio que una molécula de agua pasa en un lugar determinado de la atmósfera antes de cambiar de reserva es de unos diez días respecto a los 37 000 años que requiere el océano. Así, aunque la cantidad de agua reciclada en volumen es pequeña, la inestabilidad del sistema atmosférico puede volver a emplear cantidades importantes de ella.

La atmósfera y las demás reservas

La parte del ciclo del agua que realiza la atmósfera es, principalmente, la transferencia de los océanos a los continentes: el agua oceánica pasa a la atmósfera por evaporación y se restituye a los continentes con las precipitaciones (y vuelve de nuevo a los océanos con las corrientes de agua). Teniendo esto en cuenta, se producen transferencias directas entre la atmósfera y los lagos, los ríos o la vegetación. Como el almacenamiento de agua en el planeta

y el de las reservas se considera estable, la cantidad de agua evaporada al año es, de manera general, igual a la cantidad de agua que se precipita. En los océanos, la evaporación es más importante que las precipitaciones, mientras que en los continentes ocurre lo contrario. La diferencia se compensa con las corrientes de agua, que permiten que los continentes evacúen el agua recibida a los océanos y que éstos recuperen el agua perdida.

La cantidad de agua contenida en la atmósfera se considera estable, en la medida en que la temperatura de esta última lo es. Un aumento de las temperaturas provocaría un incremento de la evaporación y de las precipitaciones.

Las transferencias de agua también tienen lugar en la Tierra: en la zona ecuatorial y en las latitudes medias, el agua que se gana con las precipitaciones es superior a la que se pierde por evaporación; en cambio, en las latitudes bajas y en las muy altas, la pérdida es superior a la ganancia.

Los mares y los océanos almacenan el 97 % del agua del planeta y ocupan cerca de las dos terceras partes de su superficie. Son importantes en el ciclo del agua, en los intercambios energéticos y en el funcionamiento de la atmósfera.

Transferencia de otros elementos, además del agua

El paso del agua de los océanos a los continentes va acompañado de importantes transferencias de energía. De hecho, para disociar las moléculas de agua, la evaporación requiere una cierta cantidad de la energía almacenada por el vapor de agua en forma de calor latente. Al condensarse, esta energía se libera en forma de calor sensible. Se estima que el 45 % de la energía absorbida por los continentes y los océanos es por evaporación. El vapor de agua es fundamental en la regulación energética del planeta.

La nubosidad y las nubes

Las nubes, formadas por minúsculas partículas de agua líquida y de hielo en suspensión, son, junto con las precipitaciones, la manifestación más clara de la presencia de agua en la atmósfera.

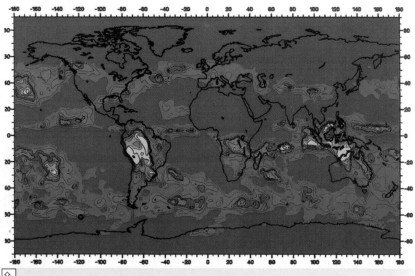

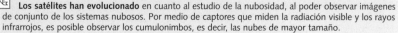

Los satélites han evolucionado en cuanto al estudio de la nubosidad, al poder observar imágenes de conjunto de los sistemas nubosos. Por medio de captores que miden la radiación visible y los rayos infrarrojos, es posible observar los cumulonimbos, es decir, las nubes de mayor tamaño.

La observación de la nubosidad

La nubosidad en un lugar determinado se mide, ante todo, por su duración (número de horas por unidad de tiempo) a partir de la radiación directa, que después se relaciona con el número de horas en que el sol habría podido brillar. Es la inversa de la fracción de insolación. A escala planetaria, rara vez excede el 90 % y puede descender hasta el 25 %.

Tipos de nubes

Desde 1896, existe una clasificación de diez géneros de nubes según su aspecto: cirros (compuestos de hielo), cirrocúmulos (capas aborregadas), cirroestratos, altocúmulos, altoestratos, nimboestratos, estratocúmulos, estratos, cúmulos y cumulonimbos. Estos tipos se subdividen en especies (según su estructura interna) y en variedades (según la disposición de los elementos entre ellos). Pueden distinguirse entonces los que están dispuestos en estratos, los que tienen forma de lente, de castillo, etcétera.

La duración de la nubosidad se completa con la observación de la cobertura nubosa, en particular de las nubes que, como los cirros, no ocultan la radiación solar directa. La extensión «espacial» de la nubosidad se expresa en partes de la bóveda celeste ocupada por las nubes.

La formación de las nubes

La mayor parte de las nubes se forma en la troposfera, a menos de 10 km de altura, donde se concentra el vapor de agua cuando el aire está saturado de humedad, que se condensa en microgotitas. En general, el aire alcanza la saturación por enfriamiento, hecho que puede producirse por advección en una superficie fría (por ejemplo, cuando una masa de aire marítimo y húmedo llega a un continente enfriado), por ascendencias orográficas (los relieves) o dinámicas (convección), o dentro de una perturbación (cuando una masa de aire cálido y húmedo «alcanza» otra de aire más frío). Las microgotitas tienen un diámetro de unos 0,02 mm de media (entre 0,008 y 0,8 mm), pero este tamaño varía de una nube a otra e incluso en el interior de una misma nube. Por debajo de 0 °C pueden transformarse en cristales de hielo. Una nube se disuelve por medio de las precipitaciones y, sobre todo, por evaporación de las microgotitas (calentamiento del aire).

La distribución de la nubosidad

A escala planetaria, las regiones más nubladas son, por una parte, aquéllas en las que la higrometría es más importante, y, por otra, aquéllas en las que los fenómenos ascendentes necesarios para la formación de nubosidad están activos. Se trata de la zona ecuatorial (ascendencias dinámicas), de las regiones oceánicas (perturbaciones y advecciones de aire húmedo) y de las regiones montañosas (ascendencias orográficas). A escala temporal, excepto en las regiones en las que se producen advecciones de aire húmedo, la estación más propicia para la formación de nubes es el verano, puesto que la evaporación y los fenómenos convectivos son más intensos, a causa de las elevadas temperaturas y del calentamiento de la superficie.

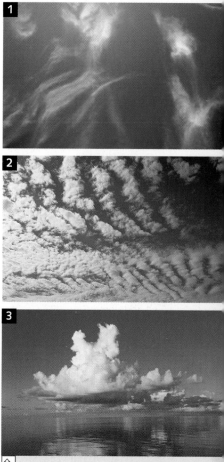

 Tres tipos de nubes (de arriba abajo): cirros (compuestos por cristales de hielo), cirrocúmulos (que no provocan precipitaciones) y cumulonimbos (de desarrollo vertical, y donde se forman las gotas de agua de mayor tamaño).

La formación de las precipitaciones

Las precipitaciones están constituidas por agua líquida o sólida que cae a nivel del suelo. Es necesario que, previamente, el aire haya alcanzado el punto de saturación de agua para que ésta se condense.

La saturación

La primera etapa de la precipitación es la saturación. Es necesario que la cantidad de vapor de agua (es decir, la presión parcial) alcance o incluso supere la cantidad máxima a una temperatura y una presión determinadas. En resumen, es preciso que la tasa de humedad relativa alcance el 100 %. Ésta depende de la cantidad de agua, así como de la temperatura y de la presión de un volumen de aire. Basta, pues, con que se modifique una de estas tres variables para que se alcance la saturación.

Esto ocurre, por ejemplo, cuando el aire recoge más vapor de agua al pasar por encima un océano, un mar o un lago; cuando se enfría al entrar en contacto

frente frío   frente cálido

choque de masas de aire

orográfico   dinámico

La ascensión es un proceso fundamental en la formación de las nubes y en el desencadenamiento de las precipitaciones. Se distinguen diferentes tipos.

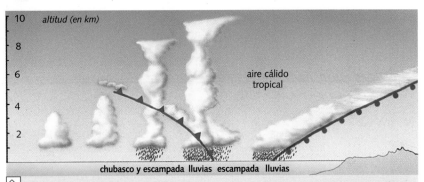

altitud (en km)

aire cálido tropical

chubasco y escampada lluvias escampada lluvias

El sistema nuboso asociado a una perturbación ciclónica está compuesto por una cabeza, formada por cirros, el cuerpo (que corresponde al frente cálido), constituido por altoestratos, nimbos y cumulonimbos, y una cola (que corresponde al frente frío), formada por cúmulos.

con una superficie a baja temperatura (masa de aire oceánico que en invierno llega a un continente enfriada); cuando se eleva al encontrar un relieve; cuando una masa de aire caliente más ligero alcanza y «asciende» por una masa de aire frío; cuando el aire húmedo se ve sometido a un proceso de convección; o, por último, cuando se produce una advección de aire frío en altura.

La condensación

Una vez alcanzada la saturación, el vapor de agua se condensa; pasa del estado gaseoso al estado líquido o sólido. Para ello, el vapor de agua se fija alrededor de minúsculas partículas sólidas (cenizas volcánicas, sales marinas, motas de polvo de procedencia diversa), que se denominan «núcleos de concentración», cuya dimensión es del orden de 0,1 micrón. Entonces se forma la nube, constituida por microgotas o microcristales. En su interior, tienen lugar unos procesos contradictorios: la condensación desprende un calor latente que produce un calentamiento sensible, lo que limita la condensación. Al mismo tiempo, el calentamiento del aire favorece la evaporación; por tanto, vuelve a producirse saturación y condensación.

La precipitación

Las microgotas o microcristales, al principio son demasiado ligeros para caer pero, al aglomerarse progresivamente, acaban por alcanzar un peso crítico, a partir del cual se precipitan, es decir, caen. El peso crítico depende de las corrientes ascendentes que se encuentran en el interior de la nube. En la práctica, si se suman los procesos de evaporación y de ascendencia, sólo se precipita el 10 % del agua que contienen las nubes.

La aglomeración de las microgotas entre sí depende de las condiciones existentes en el interior de la nube. Cuando la temperatura es inferior a 0 °C, las microgotas se hielan y el agua se aglomera en ellas (efecto de pared fría). Si se produce una fuerte agitación dentro de la nube, las gotas más rápidas absorben a las más lentas (coalescencia). Así, pues, cuanto mayor es la inestabilidad, más activa es la coalescencia, y más grandes son las gotas. Esto es lo que se produce en los cúmulonimbos.

Las técnicas han evolucionado pero la preocupación sigue siendo la misma, como se puede apreciar en esta fotografía de 1910, que muestra al hombre intentando dominar al clima.

Precipitaciones provocadas

Para prevenir el granizo, provocar la lluvia o eliminar la niebla, existen técnicas de desencadenamiento artificial que, en general, se basan en la creación de una nube en núcleos de condensación. Estas técnicas, además de problemas de contaminación (debido a las partículas de sal), plantean cuestiones jurídicas: la región que se beneficia de las precipitaciones perjudica a la que las tendría que haber recibido.

El agua en la atmósfera

Lluvia o llovizna, nieve...

> *Las precipitaciones engloban hidrometeoros tan diversos como la llovizna, la lluvia, la nieve, el pedrisco y el granizo, con variación del tamaño de las partículas entre 0,2 mm y varios centímetros.*

Los hidrometeoros líquidos

La llovizna está constituida por hidrometeoros (conjunto de partículas de agua en la atmósfera) de un tamaño muy pequeño —de 0,2 a 0,5 mm—, cuya velocidad de caída es tan lenta que parece que las gotitas floten en el aire. Se forma en los estratos de baja altitud, cuyos movimientos internos son muy reducidos, lo que limita la coalescencia. La intensidad de las lloviznas es tan débil que los pluviómetros no pueden medirla. En las estaciones meteorológicas, se clasifican como vestigios. Esta clasificación sirve para recordar que se han producido las condiciones para que apareciera una precipitación, aunque no hayan alcanzado el nivel de agua consiguiente.

La lluvia designa las precipitaciones cuyas gotas tienen un tamaño de entre 0,5 y 6 mm de diámetro. La velocidad de la caída depende de su tamaño: las gotas más grandes pueden alcanzar los 30 km/h o incluso

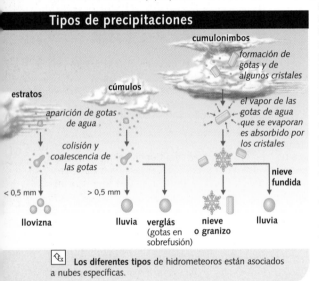

Tipos de precipitaciones

cumulonimbos

formación de gotas y de algunos cristales

estratos

cúmulos

aparición de gotas de agua

el vapor de las gotas de agua que se evaporan es absorbido por los cristales

colisión y coalescencia de las gotas

< 0,5 mm

> 0,5 mm

nieve fundida

llovizna   **lluvia**   **verglás**   **nieve**   **lluvia**
(gotas en   o granizo
sobrefusión)

Los **diferentes tipos** de hidrometeoros están asociados a nubes específicas.

más. La lluvia se clasifica según el nivel de agua recogida (en milímetros), especificando, si es posible, la duración de las precipitaciones. Los pluviogramas permiten medir su intensidad.

Los hidrometeoros sólidos

El granizo está compuesto por granos, es decir, hidrometeoros de hielo cuyo tamaño varía entre 5 y 50 mm, o incluso más. El pedrisco está compuesto por cristales de nieve y de hielo aglomerados, friables, blancos y de un diámetro que oscila entre 1 y 5 mm. En general, se forma cuando se crea una sobrefusión: el agua atmosférica se mantiene líquida aunque la temperatura del aire es inferior a 0 °C. Este hecho tiene lugar, sobre todo, en los cúmulonimbos, donde el vapor se condensa, en primer lugar, en núcleos de hielo, alrede-

Se considera que por término medio la nieve es diez veces menos densa que el agua: 10 mm de nieve equivalen a 1 mm de lluvia. Pero este hecho también depende de la densidad de la nieve. Sin embargo, en climatología, la altura de la nieve se expresa siempre con su equivalencia en agua. Se mide mediante un pluviómetro provisto de una resistencia.

dor de los cuales se aglomera el agua por el efecto de pared fría. Cuando el grano se traslada varias veces entre la parte superior y la inferior de la nube se espesa en cada trayecto antes de precipitarse. A veces, al atravesar las capas cálidas del estrato bajo de la atmósfera, los granos se funden y llegan al suelo gotas de agua. El granizo y el pedrisco se miden como la lluvia, según el nivel de agua fundida.

Cuando la temperatura de la nube es inferior a 0 °C, se crean cristales de nieve ramificados o estrellados: se forman entonces cristalizaciones de hielo alrededor de los núcleos de condensación y se aglomeran entre sí por el efecto de pared fría y por colisión. Los cristales más bellos y los copos más grandes se forman en las nubes de baja turbulencia. La nieve se mide con un nivómetro (pluviómetro provisto de una resistencia que funde la nieve).

Algunos fenómenos particulares

En las regiones tropicales marítimas, en verano puede llover sin que haya nubes. Denominadas «sereins», estas lluvias se deben a condensaciones gigantescas, que hacen que se formen con gran rapidez gotas grandes, pero poco numerosas. A veces, un arco iris constituye la única manifestación de la presencia de estas precipitaciones.

En las templadas, cuando la condensación se produce directamente en el suelo, se forma rocío. Éste se produce al final de la noche cuando hay pocas nubes y se enfría la superficie. Si la temperatura es inferior a 0 °C, el rocío se convierte en escarcha. Las placas de hielo se producen cuando la lluvia entra en sobrefusión en un pavimento helado.

LÉXICO

[Coalescencia]
Proceso de aglomeración de las microgotitas por colisión.

El agua en la atmósfera

Las tormentas

> Las tormentas son fenómenos atmosféricos caracterizados
> por la presencia de un cumulonimbo, relámpagos, truenos
> y precipitaciones que pueden ser intensas.

La formación de las tormentas

Cada año se producen 40 millones de tormentas en la superficie terrestre (unas 110.000 tormentas al día). En las latitudes bajas, donde es frecuente la formación de cumulonimbos, es donde las tormentas son más numerosas. También son frecuentes en las latitudes medias en verano, momento en que se produce una fuerte convección. Por las mismas razones, hay más tormentas en los continentes que en los océanos. Sin embargo, como las masas de aire convectivo se desplazan, pueden producirse en cualquier región y estación.

Una nube de tormenta se forma cuando, dentro de la masa de aire, se producen fuertes ascendencias. El aire se eleva, se enfría y se inicia la condensación. Ésta provoca una liberación de calor latente que calienta el aire del entorno; como el aire caliente es más ligero que el frío, la ascendencia continúa.

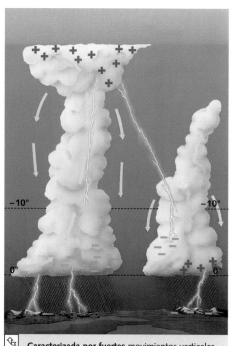

Caracterizada por fuertes movimientos verticales, una nube de tormenta contiene iones negativos en su base e iones positivos en sus partes superiores o centrales. El contacto entre estos iones de cargas opuestas es lo que provoca los relámpagos.

> **LÉXICO**
>
> **[Gradiente térmico]**
> Tasa de variación de la temperatura en el plano horizontal o vertical.

Cuando el proceso es particularmente activo, el cumulonimbo, acabado en una parte con forma de yunque, puede llegar a adquirir un diámetro de 25 km y una altura entre 13 km (en las latitudes medias) y 18 km (latitudes bajas). Estas ascendencias rápidas se producen cuando el gradiente de temperatura vertical es elevado. Esto ocurre, por ejemplo, cuando entran en contacto dos masas de aire con temperaturas contrastadas, cuando se produce un desplazamiento horizontal de aire frío en altura, o, por último, cuando el suelo está muy caliente.

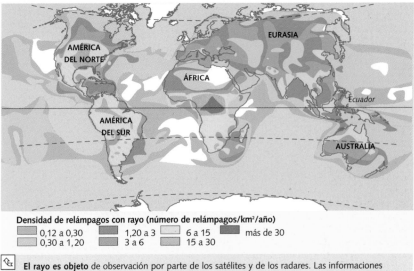

Densidad de relámpagos con rayo (número de relámpagos/km²/año)

	0,12 a 0,30		1,20 a 3		6 a 15		más de 30
	0,30 a 1,20		3 a 6		15 a 30		

El rayo es objeto de observación por parte de los satélites y de los radares. Las informaciones proporcionadas por éstos son tratadas en tiempo real y permiten seguir la progresión de las nubes.

Viento, lluvia, relámpagos y truenos

La duración de una tormenta varía entre diversos minutos y varias horas, según la importancia de la convección. Va acompañada de vientos racheados y de chubascos, a menudo violentos, de lluvia o granizo. Las gotas y los granos tienen, con frecuencia, un tamaño impresionante porque la inestabilidad reinante dentro de la nube favorece su agrandamiento por coalescencia o efecto de pared fría.

Un chubasco va acompañado de relámpagos y truenos. Los primeros están constituidos por una descarga eléctrica provocada por cargas opuestas dentro de la nube, entre dos nubes, o entre la nube y el suelo. El relámpago, que tiene una duración de unas décimas de segundo, provoca un desprendimiento de calor que hace que el aire circundante llegue a temperaturas superiores a 20 000 °C. El consecutivo aumento de presión genera una onda de choque acústica, denominada trueno. La luz del relámpago se propaga a una velocidad de 300 000 km/s y el ruido del trueno a 0,330 km/s (300 m/s). Por esta razón, existe un lapso de tiempo entre el momento en que se ve el relámpago y el sonido del trueno, hecho que permite medir la distancia de la tormenta. Un relámpago puede llegar a verse a 100 km de distancia, mientras que el trueno sólo es audible a 20 km.

Otros fenómenos luminosos

En la atmósfera se producen fenómenos luminosos que ponen de manifiesto la presencia de agua condensada. El halo y la corona son círculos luminosos que rodean el Sol o la Luna. La corona, de un tamaño más pequeño que el halo, que es blanco o irisado, está compuesta por franjas de colores. Ambos se deben a la descomposición de la luz producida por cristales o nubes de hielo. El arco iris está formado por un grupo de arcos concéntricos con todos los colores del espectro, resultado de la refracción y de la reflexión de la luz en una pantalla de gotas.

Aunque los seres humanos pueden vivir en casi todos los tipos de climas, algunos les resultan más propicios que otros. Las regiones del mundo más pobladas tienen climas templados o cálidos. En estos lugares, que ofrecen unas buenas condiciones de vida, la actividad vegetal es también lo bastante activa como para hacer posible la vida de hombres y animales. En estos climas, la temperatura, la higrometría y la pluviometría no constituyen efectos limitativos, aunque la vegetación, los hombres y los animales han tenido que adaptarse: estaciones cálidas y frías, frente a otras secas o lluviosas.

Estación de lluvias, estación seca, veranos cálidos, inviernos rigurosos, tiempo húmedo templado… Según sus propias características, la mayor parte de los climas han permitido el desarrollo de la vida, de las especies vegetales y de los animales que se han adaptado.

Climas propicios para la vida

¿Climas templados?, ¿climas moderados?

La idea de clima templado se asocia a la moderación y se opone a los excesos y a los extremos. Sin embargo, en todos los tipos de climas existen valores extremos.

Valores medios y extremos

La descripción y el estudio del clima se fundamentan en cálculos estadísticos, efectuados a partir de los datos recogidos en las estaciones meteorológicas. Los principales parámetros estudiados son el viento (velocidad y orientación), la insolación y la nubosidad, las temperaturas y la humedad del aire (precipitaciones e higrometría). Las mediciones se efectúan en condiciones estrictas durante extensos períodos de tiempo y con una periodicidad regular: una vez al día (precipitaciones), de dos a ocho veces al día (temperatura), e incluso permanentemente (velocidad del viento).

Estos cálculos estadísticos permiten elaborar las medias de períodos diversos (semana, mes, año, década). Nos referimos a menudo a períodos de treinta años: que reciben el nombre de «normales». Si se cita la temperatura máxima normal del mes de julio en Londres, por ejemplo, se trata de la media de treinta años de las temperaturas máximas diarias registradas durante todos los meses de julio.

Pero las medias tienen el inconveniente de inducir a creer en una invariabilidad del clima y de no tener en cuenta los valores extremos: por esta razón la climatología también estudia la diferencia, es decir, la desviación entre los valores máximos y los mínimos para introducir así la variabilidad.

Por último, los climatólogos están interesados en los récords, que, aunque no tengan una significación estadística, permiten hacerse una idea de los límites del sistema atmosférico.

Cada año, el monzón de la India provoca lluvias torrenciales. Por otra parte, se han registrado los récords de precipitaciones anuales. Sin embargo, todo el continente se ha adaptado a este clima.

Los vientos y las lluvias

Si no se tienen en cuenta las temperaturas y la insolación, cuyos récords en todo el planeta se registran en las altas latitudes o en los desiertos del cinturón tropical, el resto de resultados máximos se observa en las latitudes medias o bajas, en zonas climáticas más propicias para la vida. Por ejemplo, los vientos más fuertes, que pueden alcanzar los 500 km/h y que se producen en el centro de los tornados, unos fenómenos erráticos y destructores imposibles de medir, se registraron en el monte Washington (Estados Unidos) en 1934 (371 km/h). En el monte Ventoux, en el sur de Francia, se observó una velocidad de 320 km/h en 1967. Los récords de precipitaciones se han observado en el Himalaya: 11 m anuales en Cherrapunji. Pero existen otras medias anuales históricas: el récord absoluto fue de 26 m entre el 1 de agosto de 1860 y el 31 de julio de 1861. En términos de in-

También en los climas en apariencia benignos pueden producirse fenómenos meteorológicos devastadores para la naturaleza y para el hombre (en la ilustración, un lugar de Estados Unidos, después de una tormenta de hielo)

tensidad, durante las tormentas se alcanzan los valores más altos (región mediterránea, por ejemplo). Sin embargo, en Java, en Indonesia, se ha observado el récord en cuanto a duración de una tormenta: 322 días en el año 1916. El granizo más pesado (1,9 kg) se recogió en 1959 en Kazajstán. Y las mayores precipitaciones de nieve tuvieron lugar en Estados Unidos: 31m en un año (1971-1972) en Paradise, en el estado de Washington, o 1,93 m en 24 horas en Silver Lake, en el estado de Colorado. En los desiertos se observan los récords de sequía: diez años seguidos sin una gota de agua o una media anual de 2 mm en Egipto.

Calor e insolación, frío y sombra

Los récords de insolación se han registrado en el Sahara (97 %) y en Arizona (91 %). Los valores mínimos en el polo Sur (182 días sin sol) y en el polo Norte (176 días). En cuanto a las temperaturas se encuentran estas diferencias: la más elevada (58 °C) se registró en Libia en 1922 y la más baja (−89 °C) en la Antártida en 1983. Para encontrar la mayor diferencia entre las temperaturas mínima y máxima del año (104 °C), hay que descender en latitud: a Verjoianks, en Siberia.

Mapa *(páginas siguientes)*

Uno de los criterios principales para la clasificación de los climas es la temperatura. Otro es la humedad, medida a partir de las precipitaciones y de la higrometría. Estos dos parámetros son los que más condicionan la actividad biológica. Sin embargo, entre los climas de tipo continental, oceánico, ecuatorial y subtropical existe una gran diversidad de situaciones térmicas, pluviométricas y estacionales.

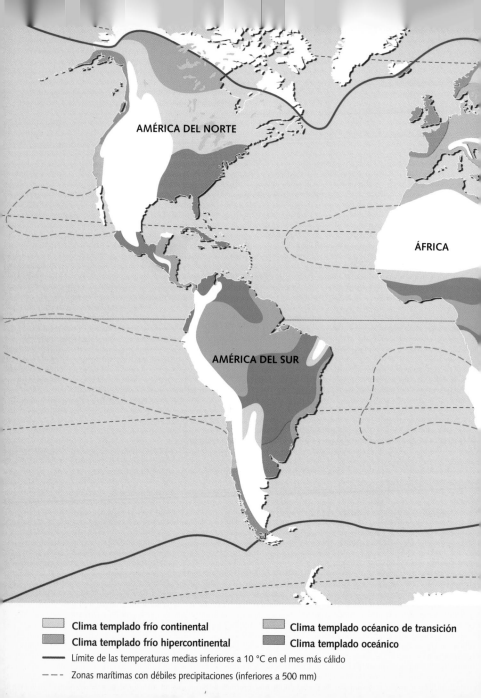

AMÉRICA DEL NORTE

ÁFRICA

AMÉRICA DEL SUR

| | Clima templado frío continental | | Clima templado océanico de transición |
| | Clima templado frío hipercontinental | | Clima templado oceánico |

—— Límite de las temperaturas medias inferiores a 10 °C en el mes más cálido

--- Zonas marítimas con débiles precipitaciones (inferiores a 500 mm)

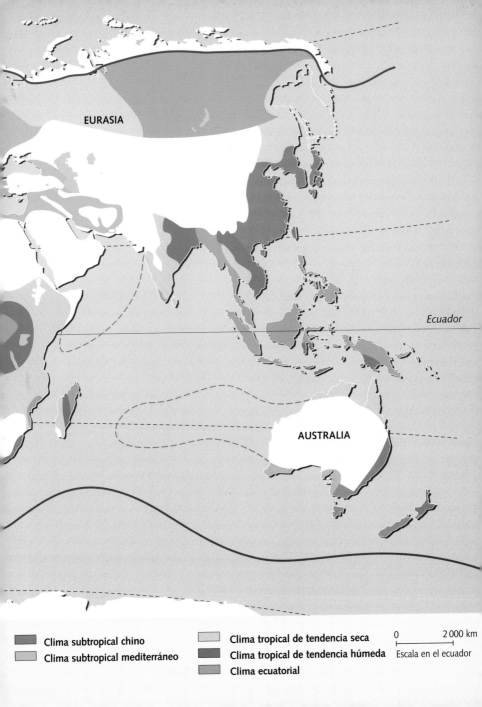

EURASIA

Ecuador

AUSTRALIA

	Clima subtropical chino		Clima tropical de tendencia seca	0	2 000 km
	Clima subtropical mediterráneo		Clima tropical de tendencia húmeda	Escala en el ecuador	
			Clima ecuatorial		

El clima templado oceánico

El clima templado oceánico se caracteriza por la importancia de los vientos y por la escasa diferencia en la pluviometría y las temperaturas estacionales (inviernos suaves y veranos frescos).

En las vertientes occidentales de los continentes

El clima oceánico se encuentra en latitudes medias, entre 35° y 60°, en las fachadas occidentales de los continentes, es decir, es el propio de la franja costera del continente americano que bordea el Pacífico, limitada por las montañas Rocosas y los Andes; del pequeño extremo meridional de Australia; de Tasmania y Nueva Zelanda y de Europa. En Europa es donde este clima está más desarrollado por la ausencia de barreras montañosas de Norte a Sur; se extiende desde las costas de Escandinavia y las del norte de España hasta el mar Negro y las llanuras del sur de Rusia. En esta zona es donde los matices son más variados; se pasa progresivamente del hiperoceánico (u «oceánico auténtico») de las islas Británicas, a un régimen más continental (u «oceánico de transición») propio de las llanuras de Europa central y oriental por el debilitamiento de la influencia oceánica a medida que se adentra en el continente.

La humedad constante y las temperaturas moderadas son adecuadas para el desarrollo de la vegetación. Sin embargo, en la mayor parte de las especies se observa un período de latencia en invierno: los ritmos vegetales están determinados por la duración de la luz.

Temperaturas taponadas

En el clima «oceánico auténtico», los inviernos son suaves y los veranos frescos; el hielo y la canícula son excepcionales y la variación térmica anual se sitúa entre los 5 y los 12 °C. Los vientos son frecuentes y fuertes y, a veces, adquieren la forma de intensas tormentas. El aire es húmedo durante todo el año, la nubosidad abundante y la insolación reducida. Las precipitaciones medias en las llanuras, más importantes en el norte que en el sur, varían entre 600 a 2 200 mm/ año. La estación fresca en general es lluviosa, aunque no existe un mes, o incluso, en la mayoría de las ocasiones, un día, sin precipitaciones. Éstas adquieren forma de llovizna o chubascos, que pueden durar horas, aunque la característica del clima oceánico es precisamente la rapidez con que se alternan las precipitaciones y los claros, el tiempo en calma y las ráfagas de viento. Todos estos rasgos se van perdiendo con la continentalidad: las estaciones y las variaciones térmicas son más marcadas, los vientos más escasos y más débiles.

La circulación del Oeste

El clima oceánico se halla en las regiones que se encuentran bajo la influencia de la circulación del oeste y de la *jet-stream* polar en altura. En esta región cho-

El viento, debido a los obstáculos mecánicos que impone, puede ser un factor que limite el desarrollo de la vegetación. Es el caso de estos árboles, en Irlanda, que han desarrollado formas retorcidas.

can las masas de aire polar con otras de aire tropical. En invierno, se produce un fuerte contraste entre estas dos masas de aire, las perturbaciones son muy activas y la nubosidad es elevada. En el norte y el este de esta zona, las incursiones del anticiclón frío pueden originar días secos, fríos y luminosos. En cambio, en verano, el flujo perturbado es menos activo porque el contraste térmico entre las dos masas de aire es menos marcado. Los vientos son menos regulares y también menos fuertes. Además, el cinturón anticiclónico tropical (anticiclón de las Azores en Europa, de California en América del Norte y de la isla de Pascua en América del Sur) aumenta en latitud y provoca períodos secos, soleados y cálidos, sobre todo en las latitudes más bajas. Únicamente las regiones centrales (por ejemplo, Gran Bretaña) están afectadas todo el año por las corrientes perturbadas.

Climas propicios para la vida

El clima continental

El clima continental se caracteriza por un invierno riguroso y un verano suave o cálido y relativamente lluvioso, con matices, como la mayoría de los grandes tipos de climas.

Únicamente en el hemisferio Norte

El clima continental (o templado frío) es propio de las latitudes medias y altas del hemisferio Norte. En el hemisferio Sur, la ausencia de continentes en estas latitudes impide que se desarrolle. Así pues, se observa en el norte de los continentes americano y euroasiático. En Europa, se considera que abarca el interior de Escandinavia y la Rusia continental hasta los Urales. Más allá de estos límites, se habla de clima hipercontinental. Es también el clima propio del norte de China y del litoral siberiano hasta Kamchatka. En América del Norte, se extiende desde Alaska a Canadá y también es propio de la región de los Grandes Lagos.

El clima continental se caracteriza por estaciones diferenciadas: los inviernos son rigurosos y los veranos cálidos. Por el contrario, las estaciones de transición son breves y muy marcadas: la vegetación renace o bien se prepara para el invierno en sólo unos pocos días.

Diferencias térmicas y precipitaciones

Se caracteriza por tener inviernos fríos y marcados, veranos cálidos y una primavera y un otoño cortos, pero, a menudo, resplandecientes. El clima continental se distingue por unas diferencias térmicas anuales acentuadas: durante 3 o 4 meses la temperatura media desciende más allá de los 0 °, con algunas puntas de –30 °C o 40 °C en períodos más o menos amplios. Entre junio y agosto, la temperatura media alcanza y supera los 20 °C. La diferencia entre el mes más frío y el más cálido es prácticamente el doble que en las regiones oceánicas (se registra una diferencia de 29 °C en Moscú, por ejemplo, respecto a 18 °C en Copenhague que, sin embargo, está situada a la misma latitud).

Las precipitaciones son relativamente poco abundantes debido a la lejanía del océano y al debilitamiento o a la ausencia de los flujos del Oeste. Sin embargo, la pluviometría rara vez es un factor limitativo puesto que en invierno, en el momento en que la vegetación necesita poca agua, es escasa, y en verano es relativamente abundante, a causa de la importancia de los fenómenos convectivos, que originan gran número de precipitaciones en toda la zona.

Para la vegetación, el invierno representa un trastorno importante, ya que durante varios meses el ritmo vegetativo se ralentiza debido al frío y a la nieve.

Altas presiones invernales y convección estival

Unos límites imprecisos

En Europa, los límites entre el clima continental y el oceánico son difíciles de definir, ya que no existen barreras montañosas que permitan establecer una diferenciación clara. Este hecho plantea inmediatamente la cuestión de los criterios que se utilizan para fijar los tipos de clima. Así, por ejemplo, se considera que el noroeste de Rusia tiene un clima continental si se pone el acento en las temperaturas invernales; lo mismo ocurre con el norte de Italia si se da mayor énfasis a las frecuentes precipitaciones.

En invierno, la situación de las altas latitudes hace que la radiación solar sea poco eficaz, ya que se originan altas presiones de origen térmico. Estos anticiclones impiden la penetración de las corrientes húmedas del Oeste que, de todas maneras, en esta estación afectan a latitudes más bajas. Sin embargo, a veces consiguen entrar, lo que conlleva algunas precipitaciones de nieve que cubren el suelo hasta que llega la bonanza primaveral. La nieve refuerza entonces las altas presiones térmicas. Tan sólo se originan precipitaciones invernales, más abundantes en los márgenes orientales de esta zona climática (Quebec, costa este de Estados Unidos), debido a las advecciones de aire oceánico del Este. Entonces se producen tormentas de nieve que pueden durar varios días y que dejan una capa mucho más espesa que en las regiones más occidentales. En verano, la radiación solar es extremadamente activa debido a la duración del día, se desarrolla la convección y la humedad se absorbe gracias a la evaporación de los suelos empapados de agua. Las masas de aire oceánico también se vuelven inestables por la convección.

Climas propicios para la vida

El clima subtropical

Fresco o suave, lluvioso en invierno y cálido en verano, el clima subtropical tiene unas marcadas diferencias térmicas anuales y dos regímenes de pluviometría estival.

Los climas de los márgenes subtropicales

El clima mediterráneo y el chino, ambos incluidos en la categoría subtropical, se observan en los climas de las latitudes medias y en los de la zona tropical. Asociado a la circulación del Oeste, el clima mediterráneo se encuentra, a menudo, en las fachadas occidentales de los continentes entre los 30 y los 45 °C de latitud, donde linda con el clima oceánico templado. Tal es el caso de la cuenca mediterránea hasta Irán, California, Chile, suroeste de Sudáfrica y Autralia. El clima chino es su equivalente, con una latitud ligeramente más baja (25 a 35°), y es el propio de las fachadas orientales de los continentes, tales como el extenso sureste de Estados Unidos, China y Japón, el sur de Brasil, el sureste de Sudáfrica, el este de Australia y el norte de Nueva Zelanda. Los climas mediterráneo y chino constitu-

En Europa, el olivo constituye un buen indicador de los límites del clima mediterráneo. En algunos casos, la extensión de un clima se define utilizando como referencia la distribución de las formaciones vegetales (sabana, taiga…) o de especies determinadas. Así, el olivo tiene la característica de soportar mal las heladas constantes: su extensión corresponde aproximadamente al límite de la isoterma 0° para las temperaturas mínimas del mes más frío.

yen una transición entre la zona templada y la cálida. A causa de su situación geográfica de bisagra, las variaciones interanuales pueden ser marcadas: en verano, si la circulación del Oeste es relativamente baja en latitud, la pluviometría es elevada. Si, por el contrario, el cinturón anticiclónico subtropical tiene una latitud elevada, el verano es muy seco.

El clima mediterráneo en la fachada occidental

La característica más destacable del clima mediterráneo es la ausencia de precipitaciones en verano. El período seco se alarga a medida que desciende la latitud o alejándose hacia el este, de manera que de tres meses en Niza se pasa a cinco meses en Argel y a nueve meses en Beirut. Las precipitaciones anuales, entre 300 y 1 000 mm, tienen lugar, esencialmente, en la estación fría y, a veces, también en otoño, en forma de tormentas violentas y, en ocasiones, devastadoras. De hecho, el clima mediterráneo es muy luminoso y posee una nubosidad débil y una insolación elevada. Las temperaturas invernales, en general, son suaves; las heladas constituyen una excepción.

En la región mediterránea, la vegetación se caracteriza por su aptitud para soportar los veranos secos. En algunos casos, las plantas tienen hojas barnizadas, vellosas o espinosas, para reducir la evapotranspiración.

En cuanto a las temperaturas estivales, son más elevadas al alejarse de los océanos y de su influencia moderadora.

Por supuesto, existen matices; algunas características se modifican en función de la geografía. Las invasiones frías son más frecuentes a medida que la latitud es más elevada, mientras que las sequías estivales son más marcadas en los márgenes tropicales. Hacia el Este se observa una cierta continentalidad, mientras que las advecciones de aire húmedo son más frecuentes en el Oeste. En los márgenes oceánicos (Marruecos, Chile, Sudáfrica), las nieblas matutinas pueden ser frecuentes, incluso en verano.

Mistral, bora, jamsin...

No existe un régimen de vientos que caracterice de una forma precisa el clima mediterráneo.
En cambio, quizá a causa de la aridez que ya es muy sensible en estas regiones, los vientos secos se dejan sentir con una particular agudeza.
El mistral y el bora son vientos secos y fríos, relacionados con las montañas situadas más al norte, mientras que el jamsin y el siroco, secos y cálidos, proceden del desierto del sur.

El clima chino en la fachada oriental

En el clima chino, las precipitaciones son relativamente elevadas, entre 1 000 y 1 500 mm al año. Se producen durante todo el año, aunque el verano es la estación más húmeda por las masas de aire cálido y húmedo de la zona tropical que ascienden, arrastradas por los alisios o los monzones.

Climas propicios para la vida

El clima ecuatorial

> *Cálido y húmedo, sin contrastes estacionales marcados, el clima ecuatorial se observa cerca del ecuador, donde la duración del día es uniforme durante todo el año.*

Delimitación geográfica

Contrariamente a lo que su nombre parece indicar, el clima ecuatorial no se desarrolla sólo a nivel del ecuador; también puede observarse hasta 10 o 20° de latitud, en América Central, Amazonia, las Antillas, Indochina o Filipinas. Por otra parte, toda la franja ecuatorial no posee un clima ecuatorial; en África oriental, por ejemplo, hay estaciones secas muy marcadas, o en algunas regiones montañosas la topografía provoca importantes modificaciones en las condiciones climáticas de las latitudes bajas.

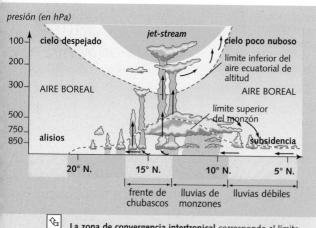

La zona de convergencia intertropical corresponde al límite entre la circulación atmosférica de cada uno de los hemisferios. Los alisios, formados en el flanco de los anticiclones subtropicales, soplan del Noreste hacia el Suroeste en el hemisferio Norte y del Sureste hacia el Noroeste en el hemisferio Sur: su «encuentro» ocasiona una ascendencia, caracterizada por cumulonimbos, y un cinturón de bajas presiones coronado por una *jet-stream*.

Calor y humedad

El clima ecuatorial es cálido y húmedo durante todo el año. La temperatura media es del orden de 26 °C y la diferencia anual es baja (de 1 a 6 °C), en general inferior a las diferencias diurnas que llegan hasta 10 °C. Esta gran homogeneidad permite que se desarrolle el bosque ombrófilo (verde todo el año). En las llanuras, las precipitaciones están comprendidas entre 1,5 y 2,5 m al año, excepto en los relieves expuestos a los vientos húmedos. En la montaña Pelada, a 1 400 m de altitud, se recogen 8 m de agua al año. Estas precipitaciones se producen durante todo el año, como en Indonesia o Nueva Zelanda, a veces con un ligero pico en los equinoccios. En otras regiones, como la Amazonia o el Congo, existe una estación seca; mientras esta inflexión no exceda los tres meses y las precipitaciones de los períodos precedentes sean suficientes para compensar este déficit, esta «estación seca» no resulta perjudicial para la vegetación. La higrometría, elevada durante todo el año (siempre es superior al 75 % y, a veces, incluso llega al 90 %), está relacionada con la alta capacidad higrométrica del aire caliente y con la disponibilidad de agua debido a los océanos, los suelos y la vegetación.

Aportaciones solares y convergencia intertropical

Las temperaturas regularmente cálidas se explican por las aportaciones solares, importantes y regulares. Con 12 horas de luz y un sol que cae verticalmente, se recibe una cantidad importante de energía solar. Sin embargo, a causa de la intensidad de la evaporación, el cielo a menudo

El ecuador en climatología

En climatología y en meteorología, a veces se habla de «ecuador meteorológico» y de «ecuador térmico». El primero corresponde a la línea que separa el límite entre la circulación atmosférica de cada uno de los hemisferios, y el segundo a la línea imaginaria que relaciona la temperatura media anual máxima con cada meridiano. Inversamente, se habla de «polo del frío» para referirse a la región de cada hemisferio donde se registran las temperaturas mínimas más bajas.

está cubierto, lo que hace que la insolación no llegue a la mitad de su duración máxima teórica. Esto limita el calentamiento del suelo durante el día y reduce el enfriamiento nocturno, originando una temperatura cálida y humeda.

La importancia de las precipitaciones se debe a la convergencia intertropical. Las regiones que tienen un clima ecuatorial son, en efecto, las que se encuentran en la zona en que convergen los alisios. En esta franja llamada «zona de convergencia intertropical», las presiones son bajas, el gradiente térmico es poco marcado

En los grandes macizos forestales de la zona ecuatorial, se estima que el ciclo del agua se efectúa casi completamente en un circuito cerrado: la evapotranspiración suministra la humeda necesaria, el calor permite la ascendencia y la condensación y las precipitaciones se desencadenan localmente. Sin embargo, las advecciones de aire húmedo son necesarias para mantener la reserva de agua, que es evacuada, en parte, por las flores.

y las ascendencias resultan fáciles. Como la zona de convergencia intertropical realiza una oscilación estacional relacionada con la de la circulación atmosférica general, los períodos más lluviosos corresponden a aquéllos en los que la convergencia es más activa o más estable en el ecuador, es decir, en los equinoccios.

El clima tropical

El clima tropical se caracteriza por la inexistencia de una estación fría y la presencia de una o dos estaciones húmedas, entre las que se intercalan una o dos estaciones secas.

Dos franjas a ambos lados del ecuador

El clima tropical se observa en toda la zona intertropical. Sin embargo, excluye los climas tropicales áridos, en los que la estación seca se prolonga durante diez meses y donde las precipitaciones no pasan de 450 mm, y aquéllos en los que la estación seca está muy poco marcada, considerados climas ecuatoriales. Más o menos seco o lluvioso, el clima tropical se observa en las latitudes bajas, siguiendo dos franjas longitudinales: la primera, en el hemisferio Norte, pasa por América Central y el norte de América del Sur, África Occidental y Central (costas meridionales de Senegal y golfo de Guinea, hasta los Grandes Lagos) y, por último, Asia, desde India a Indochina. Una segunda franja, en el hemisferio Sur, engloba los márgenes meridionales de la Amazonia hasta Paraguay, Angola, el sur de Zaire, Zambia, las costas occidentales de Madagascar, el sur de Indonesia y de Nueva Guinea y el norte de Australia.

La **sabana es la formación** vegetal característica del clima tropical. En ella se encuentran más o menos árboles según la intensidad y la duración de la estación de las lluvias.

Temperaturas elevadas

En todas estas regiones, las temperaturas son elevadas: la media del mes más frío es superior a los 18 °C. Este hecho no impide que las temperaturas nocturnas desciendan durante la estación seca, que corresponde al invierno, cuando los días son más cortos; son frecuentes las temperaturas mínimas de 12 °C en África y de 10 °C en Asia. Pero, sobre todo, lo que caracteriza las alternancias estacionales es la pluviometría: en general, en los márgenes del clima ecuatorial sólo existe una estación seca, pero, en latitudes más altas, hay dos, que cada vez son más marcadas. La primera, más definida, corresponde al invierno, cuando las noches son más largas y la altura

Algunos árboles se adaptan a la estación seca desarrollando troncos enormes que les permiten almacenar reservas hasta la próxima estación húmeda.

del sol es menor: los días son soleados y las noches frescas. La segunda, más breve pero más difícil de soportar, se produce en primavera. En los largos días tórridos, cuando el sol alcanza una altura elevada, con frecuencia se pueden superar los 40 °C.

La estación de las lluvias

La principal estación lluviosa corresponde al verano (agosto), con una diferencia en Asia, donde se produce en otoño (octubre-noviembre). En el noreste brasileño, el punto álgido se alcanza entre junio y agosto, lo que corresponde al invierno en el hemisferio austral. Durante la estación lluviosa pueden recogerse entre 0,5 y 2 m de agua. En numerosas regiones, existen dos estaciones lluviosas: una a principios del verano y otra a comienzos del invierno. Este hecho permite subdividir el clima tropical en dos subclimas: el tropical húmedo (llamado también «sudanés»), en el que la estación lluviosa es larga (de siete a diez meses) y la estación seca y tórrida es menos marcada; y el tropical seco (llamado también saheliano), en el que la estación seca es marcada y las lluvias son irregulares. Estos ritmos pluviométricos se relacionan con la oscilación de la zona de convergencia intertropical.

Variación estacional

Como cualquier circulación atmosférica afectada por las aportaciones de energía solar la zona de convergencia intertropical o «ecuador meteorológico» sufre una variación estacional: se extiende y aumenta su latitud en verano, es decir, va hacia el Norte durante el verano boreal y hacia el Sur durante el verano austral. En el mes de agosto alcanza el límite más septentrional y hacia el mes de febrero, el más meridional.

Climas propicios para la vida

Los climas monzónicos

El monzón, de una gran importancia para los ritmos pluviométricos, es una corriente atmosférica que corresponde al paso de los alisios por el ecuador, donde cambia de dirección.

De África a Australia, pero esencialmente en Asia

El monzón es un fenómeno general de la zona intertropical, excepto entre los 20° Oeste (costa occidental de África) y los 160° Este (este de Australia), donde no se produce una inversión de los vientos porque los alisios no cruzan la zona de convergencia intertropical. Se produce, pues, de África a Asia y del océano Índico a Australia y Nueva Guinea; todas estas regiones tienen en común una fuerte oposición entre un continente al Norte y un océano al Sur. En Australia y África, sin embargo, el monzón no está relacionado con un invierno frío. Por esta razón, a veces se prefiere reservar el nombre de monzón a Asia. De hecho, en el subcontinente indio es donde este proceso es más marcado.

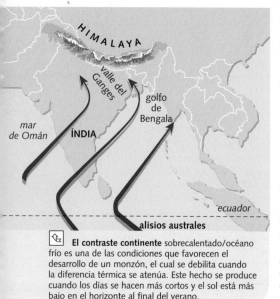

mar de Omán · ÍNDIA · HIMALAYA · valle del Ganges · golfo de Bengala · ecuador · alisios australes

El contraste continente sobrecalentado/océano frío es una de las condiciones que favorecen el desarrollo de un monzón, el cual se debilita cuando la diferencia térmica se atenúa. Este hecho se produce cuando los días se hacen más cortos y el sol está más bajo en el horizonte al final del verano.

Lluvias concentradas en una única estación

Desde el punto de vista de las temperaturas y las precipitaciones, los ritmos que se observan en la India son los de un clima tropical: la primavera (de abril a mayo) es seca y tórrida. La estación de las lluvias se desarrolla de principios de junio a julio, cuando asciende hacia el Norte y el Este, y concluye entre setiembre y octubre, cuando el monzón se retira hacia el Sur. Esta estación de lluvias es extremadamente marcada; las regiones afectadas reciben durante este período más del 80 % y, a veces, más del 100 % de las precipitaciones anuales. Después se inicia la estación seca, que dura hasta el verano siguiente. En invierno, se inicia el monzón del Noreste: en la India, las masas de aire proceden del continente euroasiático, pero cuando pasan por encima del golfo de Bengala se cargan de agua y generan precipitaciones que afectan, esencialmente, al este del Decán. Esta estación, en general, es luminosa y, a veces, más fresca. En cambio, en regiones como el norte de Australia, el monzón del invierno pasa por encima de zonas marítimas y trae lluvias.

En el sur y el sudeste asiáticos, más del 80 % de la pluviosidad se produce durante los monzones: las cortinas de agua son espectaculares, ya que en estas regiones se observan los récords mundiales de precipitaciones anuales (más de 10 m por año en las estribaciones del Himalaya).

Una circulación atmosférica particular

En invierno, la circulación atmosférica en el sur de Asia responde al mismo modelo que la de otras regiones: un anticiclón que forma parte del cinturón de las altas presiones tropicales recubre el subcontinente indio y genera vientos del Noroeste en su flanco sur, propios del cinturón de los alisios. Éstos cruzan el ecuador geográfico y, al hacerlo, cambian de dirección y dan lugar al monzón del Noreste.

Durante el invierno, en el hemisferio Sur (en verano, en el hemisferio Norte), se refuerza el anticiclón de las Mascareñas. En este sentido, los alisios que se forman en su flanco septentrional son arrastrados hacia el Norte mucho más allá del ecuador porque el anticiclón indio se debilita hasta desaparecer a causa del calentamiento del suelo y de las capas bajas de la atmósfera. Al cruzar el ecuador, la corriente invierte su dirección y se convierte en el monzón del Sudoeste. En India, esta corriente cambia de nuevo su dirección cuando choca con el Himalaya.

Término con varios significados

En su origen, el término «monzón», procedente del árabe, designaba la inversión anual de los vientos en el sur de Asia y en el océano Índico. Pero también se utiliza para referirse a la estación afectada por este viento (en este caso, en general, se trata del monzón del Sudeste), a la masa de aire que lo transporta (lluvia monzónica) o a este tipo de circulación atmosférica general. En algunos casos, su utilización abarca a toda la región donde puede producirse y, en otros, solamente a India, al sureste asiático y a Asia oriental.

Climas propicios para la vida

os climas extremos (o áridos) imponen unas condiciones de vida difíciles: la falta de agua es un factor limitativo para la vegetación, los animales y los hombres. No resulta fácil delimitar un umbral pluviométrico de la aridez en la medida en que no sólo afecta a las precipitaciones, sino también a la evaporación, que depende de la temperatura del aire, de la presión y de la velocidad del viento. La aridez también puede apreciarse estudiando los vegetales y los animales. Aunque la vida existe prácticamente en todo el planeta, la variedad y la densidad de la actividad biológica son muy reducidas y más uniformes en las zonas áridas.

La poca actividad y diversidad de la vegetación constituye un indicador de los efectos del clima en la vida. Este hecho se debe a la falta de precipitaciones o al frío que provoca una sequía biológica.

Climas extremos

Los factores limitativos del clima

Gracias a la atmósfera y a su particular composición, la Tierra disfruta de un clima medio que favorece la vida.

Pero, a veces, algunos de sus parámetros llegan a extremos que resultan limitativos.

Los parámetros considerados de forma aislada

Tanto en los desiertos fríos como en los cálidos, es posible encontrar signos de vida y asentamientos humanos, pero su densidad es menor que en las regiones caracterizadas por climas más benignos, debido a la escasez de recursos alimentarios.

El viento, rara vez considerado como un factor limitativo de la vida, puede perturbar el desarrollo de la vegetación o acabar con ella cuando alcanza una gran velocidad. Las plantas desarrollan unas formas de adaptación (arraigamiento profundo, aspecto deformado) que, prácticamente, les permiten hacer frente a todas las situaciones posibles.

La falta de agua es el factor climático más apremiante porque ésta es indispensable para la vida. Pero no existe una situación sistemática: una región con pocos aportes pluviométricos puede estar compensada por un sistema hidrológico heredado (capas freáticas profundas) o activo (ríos). Los organismos vivos pueden desarrollar formas de adaptación a estas diferentes situaciones.

Las temperaturas sólo son limitativas en los casos más extremos, es decir, en regiones muy cálidas donde la falta de humedad no compensa la intensificación de la evaporación, o en regiones glaciales que se vuelven áridas por la inhibición de la capacidad higrométrica del aire. En todos esos casos, los límites objetivos son fruto de la combinación de las temperaturas y la higrometría.

Estas casas de Islandia han sido recubiertas con una capa de tierra vegetal para asegurar el aislamiento térmico. Su orientación depende de los vientos dominantes y de la exposición al sol.

Situaciones media y extrema

Los organismos vivos se desarrollan en climas con unas condiciones medias y unas diferencias razonables respecto a estas medias. Las situaciones extremas, que se producen con poca frecuencia, pueden resultar restrictivas. Así, por ejemplo, un viento de una fuerza excepcional que afecte a una formación boscosa no adaptada puede provocar grandes daños que, a menudo, y a corto plazo pueden alcanzar una perspectiva económica. Pero, en realidad, la mayor parte de las formaciones vegetales tiene una gran capacidad de regeneración, por lo que estos fenómenos excepcionales permiten también una recuperación excepcional.

Civilización y glaciación

Las condiciones climáticas durante la última glaciación, hace 20 000 años, eran muy rigurosas. En las latitudes medias, las temperaturas eran unos 10 °C más bajas que las actuales. Sin embargo, según parece, este período resultó favorable para los cazadores prehistóricos, porque en las estepas frías había una fauna variada y abundante. En esta época fue cuando se iniciaron las primeras actividades artísticas. Algunas teorías afirman que las difíciles condiciones climáticas obligaron a los hombres a agruparse y a organizarse para sobrevivir, lo que favoreció la eclosión de una nueva civilización.

Estabilidad y cambio

Aunque se considera que la estabilidad climática facilita la perennidad de las condiciones de vida y la diversificación, sin embargo también genera fragilidad, porque el medio pierde su capacidad de adaptación. Por el contrario, los cambios climáticos constituyen una garantía de diversificación, porque refuerzan la adaptabilidad de los medios. Si las condiciones climáticas cambian con demasiada rapidez o si los episodios extremos se producen con demasiada frecuencia, el medio natural y los organismos vivos no pueden desplegar su capacidad intrínseca de adaptación ni realizar las migraciones necesarias para su supervivencia.

Mapa (páginas siguientes)

La distribución de los climas áridos está relacionada con las altas presiones que impiden las advecciones de aire húmedo y la formación de precipitaciones. Así, es posible observar climas áridos en pleno océano. La aridez puede producirse también en los continentes, por el alejamiento de las masas de agua. Por último, existen los desiertos costeros, originados por corrientes oceánicas frías.

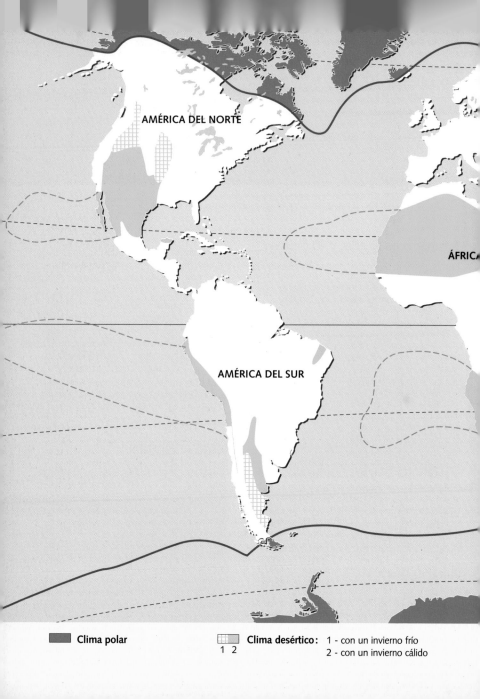

AMÉRICA DEL NORTE

ÁFRICA

AMÉRICA DEL SUR

| Clima polar | Clima desértico: | 1 - con un invierno frío |
| | 1 2 | 2 - con un invierno cálido |

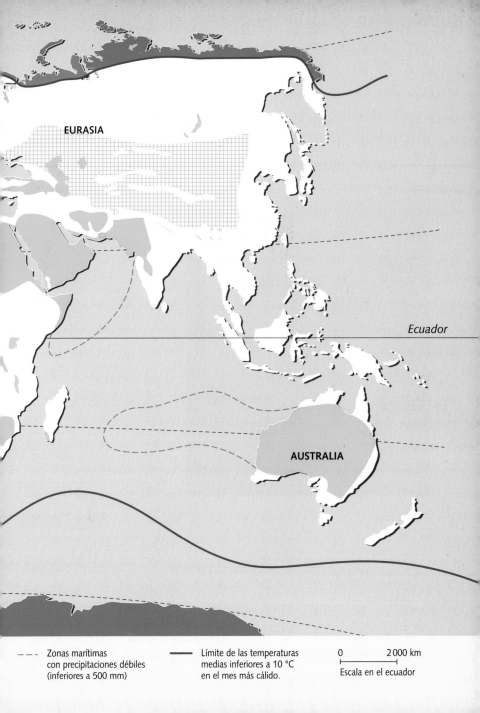

EURASIA

Ecuador

AUSTRALIA

- - - Zonas marítimas
con precipitaciones débiles
(inferiores a 500 mm)

Límite de las temperaturas
medias inferiores a 10 °C
en el mes más cálido.

0   2 000 km

Escala en el ecuador

El clima polar

El clima polar es árido, sin calor estival, con inviernos glaciales
y vientos fuertes que refuerzan la capacidad desecante del aire.
Todo ello excluye prácticamente el mantenimiento de la vida.

Debido a la escasez de estaciones meteorológicas en las altas latitudes, el clima polar ha sido definido durante mucho tiempo tomando como referencia el límite del árbol que corresponde con la isoterma 10 °C en los meses más fríos. Pero también se han empleado otros criterios, como por ejemplo, la presencia de un permafrost (suelo helado) de manera continuada. O bien el hecho de que se produzca una estación sin hielo con una duración de sesenta días.

La isoterma +10 °C

La extensión del clima polar se caracteriza por la isoterma +10 °C en la media del mes menos frío. En el hemisferio Sur, este límite pasa aproximadamente a 50° Sur, y alrededor del Ártico es más irregular y se sitúa entre el 50° Norte (Labrador) y el 70° Norte (noreste de Siberia, Alaska), englobando el conjunto de Groenlandia, dos tercios de Islandia, una franja de Escandinavia y el Territorio del Noreste.

En estas latitudes, el frío es permanente en invierno, y el mes más riguroso es febrero. En Canadá, en la estación Eureka situada a 83° Norte, la temperatura media de febrero es de –37 °C. El litoral norte de Eurasia está congelado, excepto una estrecha franja que bordea Escandinavia, sometida a la deriva noratlántica. El verano es claramente menos frío: el contorno del océano Ártico está libre de hielo. Sin embargo, ningún mes escapa a las heladas. Cuanto más se asciende hacia los polos y más se adentra en las superfi-

LÉXICO

[Ciclo del agua]
Conjunto de la circulación del agua entre las diferentes reservas del planeta.

[Isoterma]
Línea, lugar o espacio caracterizado por la misma temperatura en un período determinado.

cies heladas, menos abundantes son las precipitaciones. Las caídas anuales de nieve son de alrededor de 1 m en las regiones insulares situadas cerca del círculo polar y de 5 m en el corazón de la Antártida.

🐾 **El oso polar está perfectamente** adaptado al frío intenso de estas regiones. Su piel le sirve de protección y le permite proveerse de alimento en las aguas heladas del océano Ártico.

Algunos matices

Dentro de estos límites, existen matices considerables entre el clima del centro de los inlandsis (Groenlandia, Antártida), el ártico continental (litoral septentrional de Siberia, Canadá y Groenlandia), el polar oceánico (norte de Escandinavia, islas del norte de Escocia, Spitzberg, sureste de Groenlandia) y el subpolar oceánico (norte de Islandia, extremo meridional de Groenlandia, islas del sur de los océanos Índico y Pacífico). El primero es perpetuamente frío (−89 °C en julio en Vostok, en el corazón de la Antártida) y las precipitaciones, siempre en estado sólido, son débiles. El segundo posee ya un período estival con un deshielo marcado. El tercero tiene unas temperaturas invernales rigurosas, pero un verano con un deshielo de varios meses y precipitaciones abundantes (de 300 a 500 mm). El cuarto es ya más suave: el deshielo se produce durante todo el año.

> **Un factor de aridez**
> Cuando las temperaturas son muy bajas constituyen un importante factor limitativo de los procesos biológicos, en dos niveles: por una parte, la presencia de hielo modifica el ciclo del agua, porque una parte importante de su reserva se encuentra inmovilizada en forma de hielo; y, por otra, la temperatura del aire tiene una influencia sobre su capacidad higrométrica (4,8 g/m^3 de vapor de agua como máximo a 0 °C y 0,34 g/m^3 a −30 °C).

El anticiclón polar

Estas situaciones climáticas están relacionadas con la circulación atmosférica general: en invierno, las temperaturas muy bajas se deben a la poca radiación solar, que favorece la creación de una zona de altas presiones. Esto impide cualquier advección de aire más suave o húmedo. En latitudes más bajas, las corrientes del Oeste, particularmente fuertes en el hemisferio austral, permiten advecciones de aire húmedo. En verano, la radiación solar provoca el debilitamiento de las altas presiones y las perturbaciones que circulan por los márgenes pueden penetrar en zonas que, en invierno, son inaccesibles.

El clima desértico frío

Las características del clima desértico frío son las escasas precipitaciones, una humedad relativa baja, una insolación importante, un verano tórrido y un invierno riguroso.

Precipitaciones débiles e irregulares

El clima desértico frío se observa en las latitudes medias de los continentes de América del Norte y, en menor medida, en América del Sur y en Argentina. Pero en Eurasia es donde tiene una extensión más notable, desde las orillas del mar Negro hasta Mongolia, pasando por Asia central.

En estas regiones, las precipitaciones son débiles e irregulares. Este hecho está relacionado con la escasez de advecciones de aire oceánico, ya sea porque estos lugares están situados a varios miles de kilómetros de los océanos (Asia) o porque están protegidos de su influencia por una barrera montañosa (América del Norte y del Sur). En algunas regiones, como las mesetas tibetana e iraní, se suman los dos factores. Las precipitaciones son irregulares excepto en las regiones semiáridas, donde puede haber una estación lluviosa. Éste es el caso, en particular, de las regiones situadas al este del mar Caspio, en las que las masas de aire que traen las corrientes del Oeste pueden cargarse de humedad. En primavera se produce un pico en las precipitaciones.

Clima hipercontinental

A partir de 50° Norte, el clima hipercontinental ocupa amplias extensiones de América del Norte y Asia. Considerado como una transición entre los climas templados continentales, los polares y los desérticos fríos, se caracteriza por tener varios meses de invierno secos y muy fríos y un verano corto muy lluvioso, a menudo cálido y tormentoso, durante el cual la vegetación se desarrolla con exuberancia. En estas regiones es donde se encuentra la mayor diferencia entre el mes más cálido y el más frío: –62 °C en Siberia. Las precipitaciones son mediocres, excepto en las fachadas orientales. Una capa de nieve cubre el suelo de seis a ocho meses. Estas zonas están afectadas por potentes anticiclones y vientos violentos (blizzard).

Diferencias térmicas acentuadas y vientos desecantes

Las temperaturas dependen, por supuesto, de la latitud; cuanto más se asciende, más baja es la temperatura media. Las diferencias térmicas diarias son considerables. Esto se debe a la débil higrometría del

Originario de Asia central, el camello se ha adaptado a la aridez del desierto: sus jorobas le sirven para almacenar grasa, y es capaz de digerir las plantas más duras y secas.

[Continentalidad]
Conjunto de modificaciones climáticas determinadas por el debilitamiento de las influencias marítimas a medida que se avanza hacia el interior de un continente.

aire y a la falta de nubes, que genera una importante insolación y un efecto invernadero limitado, por lo que tanto el calentamiento diurno como el enfriamiento nocturno son acentuados. Las diferencias anuales, que también aumentan cuando la latitud es más alta, son más marcadas: días cálidos en verano y glaciales en invierno. Este contraste estacional también está relacionado con las aportaciones solares, que en estas latitudes ya empiezan a notarse. En cuanto a los vientos, todas las regiones situadas debajo de los macizos (Andes, Rocosas, mesetas iraní y Pamir) pueden verse afectadas por *foehns* con temibles efectos desecantes: el *chinook* en América del Norte o el *afghanet* en Asia Central.

La continentalidad

Desde el punto de vista atmosférico, la sequía se explica, en primer lugar, por factores geográficos (alejamiento de los océanos, montañas que forman zonas protegidas). Pero la situación de los centros de acción refuerza estos factores: en invierno, las altas presiones limitan las advecciones de aire húmedo. En verano, la aparición de bajas presiones puede facilitar la llegada de masas de aire tropical alteradas o cargadas de agua.

La estepa es la formación vegetal característica del clima desértico frío. Está compuesta por gramíneas coriáceas adaptadas al frío.

El clima desértico cálido

Con valores extremos, escasas precipitaciones y una insolación máxima, constituye un habitat en el que, aunque existe la vida, ésta desarrolla una adaptación muy específica.

Dos cinturones en las latitudes tropicales

El clima desértico seco se encuentra en las latitudes tropicales de los hemisferios Norte y Sur, y, en general, en el centro de los continentes (México, Sahara, Cuerno de África, Arabia, mesetas iraní y afgana, desierto de Thar, Kalahari, Australia). Pero también se desarrolla en las zonas situadas a lo largo de los océanos (California, Chile, Namibia), e incluso en algunas islas oceánicas cercanas (islas de Cabo Verde, isla de Pascua).

Particularmente hostil, el clima desértico de tipo cálido no excluye totalmente la vida. En estas circunstancias adversas la capacidad de adaptación de la vegetación muestra toda su «inventiva»: plantas que sobreviven varios años en estado de semillas y que realizan su ciclo de reproducción cuando llegan las lluvias; hojas dotadas de vellosidades para limitar la evaporación; raíces pivotantes que se extienden a gran profundidad para extraer el agua… De hecho, en el Sahara, se han censado 3 000 especies de plantas cuya distribución está estrechamente relacionada con la disponibilidad de agua.

Con grandes orejas que le permiten regular mejor su temperatura interna y una visión nocturna para poder moverse en las horas más frescas, el fenec se ha adaptado a las condiciones particularmente hostiles del clima árido y cálido.

Tres grados de aridez

El índice de aridez de estas regiones puede ser moderado (clima semiárido), elevado (clima árido) o máximo (clima hiperárido). En este último caso, las precipitaciones siempre son inferiores a 50 mm al año o incluso menos: en Asuán, las precipitaciones medias son de 2 mm/año. En la práctica, la noción de media no tiene demasiado sentido, porque puede no llover durante varios años consecutivos y luego hacerlo en cualquier época del año en forma de chubascos violentos y breves. En el caso del clima estrictamente árido, las precipitaciones medias están comprendidas entre 50 y 150 mm/año y se producen de forma más periódica. En la zona semiárida (o subárida), existe una estación lluviosa con una duración de uno a cuatro meses. El aumento de la aridez se produce donde los continentes son más macizos, es decir, en Sahara, Egipto y Libia meridional donde hay un clima hiperárido. El sur de Argelia tiene un clima árido y el norte, semiárido.

Insolación y temperaturas elevadas

Todas estas regiones se hallan bajo la influencia de las altas presiones tropicales; por esta razón, la aridez también puede afectar a las zonas oceánicas (como en las islas de Cabo Verde). Como la insolación es muy fuerte (puede alcanzar el 90 % de su valor máximo teórico) y el ángulo de incidencia de la radiación está cerca de la vertical, la energía recibida es muy elevada. De hecho, las temperaturas medias anuales son muy altas (25 a 30 °C) con unos ritmos característicos: durante el día, la temperatura puede llegar a más de 50 °C (Valle de la Muerte, en el Sahara), pero en cuanto se pone el sol puede descender hasta 30 °C en algunas horas (en invierno supera regularmente el umbral de los 0 °C). Este hecho está relacionado con una higrometría baja y, por lo tanto, con el efecto invernadero.

El clima desértico de la costa

Con frecuencia más áridos que las zonas continentales vecinas, los desiertos litorales se extienden siguiendo un eje Norte-Sur al oeste de los continentes: Atacama al norte de Chile, Baja California, Namibia, sur de Marruecos y Mauritania. La mayor parte de los desiertos costeros sólo ocupan estrechas bandas litorales, ya que macizos montañosos (Andes, montañas Rocosas) bordean las costas recorridas por corrientes oceánicas frías (corrientes de Humboldt, de California, de Canarias, de Benguela), lo que provoca un enfriamiento de las capas bajas de la atmósfera. Sobre este aire frío y húmedo se sitúa una masa de aire cálido y seco: la ascensión necesaria para que se produzcan las precipitaciones (excepcionales) es imposible. La situación es favorable para la formación de nieblas y de nubes bajas. La insolación es débil, la higrometría elevada, y las temperaturas son menos extremas que en los desiertos continentales.

T odo el mundo tiene la percepción, más o menos intuitiva, de que el clima de un lugar depende de la latitud o de la presencia de océanos o de grandes relieves. Pero, localmente, en el clima también influyen otros elementos: la naturaleza del suelo y del sustrato geológico, la vegetación, la presencia de ríos, lagos y estanques, o la ocupación del espacio por parte del hombre. Estos diferentes elementos modelan el clima porque afectan a la radiación solar, al ciclo del agua, a la circulación del aire y a las temperaturas, parámetros que, a su vez, ejercen una influencia sobre los elementos del medio.

En una pequeña isla montañosa se puede encontrar gran variedad de climas locales debido a la altitud, a la proximidad del mar y a la exposición o protección respecto a los vientos dominantes.

Climas locales

Suelo, vegetación y aguas continentales

> Los grandes bosques o los desiertos influyen localmente en el clima, pero también pueden tener efectos globales cuando se suman o abarcan grandes extensiones.

La vegetación

La vida vegetal depende estrechamente de las condiciones climáticas: la insolación hace posible la fotosíntesis, y la humedad del aire y la lluvia permiten el desarrollo de la vida. La temperatura y el viento también influyen en el crecimiento vegetal. La mayor parte de las plantas lleva la marca visible de estos factores que, a veces, se convierten en límites: los rizomas o los bulbos permiten que la planta sobreviva a una estación muy lluviosa haciendo que las hojas desarrollen raíces aéreas para desprenderse del exceso de agua. Pero la vegetación también influye en el clima a través de la evapotranspiración, que puede representar un aporte de agua nada desdeñable. De hecho, el clima siempre es más húmedo cerca de los macizos boscosos o en ellos. El gran bosque amazónico recicla permanentemente el agua que contiene: llueve, las plantas absorben una parte del agua, que se evapora o que transpiran, y vuelve a llover de nuevo.

Localmente, la presencia de masas de agua puede modificar sensiblemente el clima: la formación de bruma puede ocultar el sol durante varias horas al día, la higrometría reduce las diferencias térmicas...

Las formaciones superficiales

El clima es un agente importante en la evolución de las rocas, de las formaciones superficiales y de los suelos. Es el principal factor de la erosión: las rocas se alteran (las aguas de lluvia disuelven determinados minerales sensibles a los ácidos ligeros que contienen); combinada con el frío, el agua puede resquebrajar las rocas; las gotas o el granizo pueden desestructurar las capas superficiales; las formaciones fijas se desplazan durante los procesos de deslizamiento del terreno.

El clima también está modelado por las formaciones superficiales. Por ejemplo, el color influye en el balance de radiación local (reflexión de la radiación a través del albedo) y, por tanto, en la capacidad de almacenar energía: un sustrato oscuro absorbe globalmente más energía que otro claro y puede restituir esta energía en forma de calor en las horas más frías. De la misma forma, la capacidad de un material para retener el agua y restituirla influye en la humedad del aire.

Estos microinvernaderos tienen como finalidad «mejorar» el clima local al proteger las plantaciones del frío, al mismo tiempo que dejan pasar los rayos del sol. Pero, utilizados de manera más extensiva, estos microinvernaderos modifican el clima debido a la elevación del albedo —la radiación reflejada aumenta— y a la reducción de la evaporación del agua del suelo.

Las aguas continentales

Las capas freáticas, los ríos, los lagos y los glaciares dependen estrechamente de las aportaciones pluviométricas que determinan su régimen (poco o mucho caudal, crecidas y estiajes). En el caso de los glaciares, la temperatura influye en el deshielo, la extensión o la retracción de los mismos. Estas masas de agua permiten que el aire se cargue de humedad por evaporación. En el caso de las grandes superficies de agua (lago Baikal o Grandes Lagos norteamericanos), la influencia es comparable a la de un mar interior. Todas las masas de agua, incluso las más pequeñas, influyen en la nubosidad: un pantano o un estanque a veces generan nieblas y brumas de forma repetida y persistente. Por poco importantes que sean estas masas, pueden originar brisas térmicas; debido al calentamiento diferencial de la masa de agua y de la tierra, diariamente se producen brisas que soplan del mar hacia tierra durante el día, y a la inversa, durante la noche.

Mapa *(páginas sisguientes)*

En Martinica, la pluviometría depende de los vientos dominantes, los alisios. Estos vientos, cargados de humedad, soplan sobre el noreste de la isla, lo que favorece las precipitaciones. En las regiones protegidas del viento, por el contrario (región de Saint-Pierre, por ejemplo), se deja sentir el efecto del foehn: el aire es más seco, hay menos nubes y, por tanto, menos lluvias. Por otra parte, las precipitaciones aumentan con la altitud (el norte de la isla es una zona montañosa, con una mayor pluviosidad que en el sur).

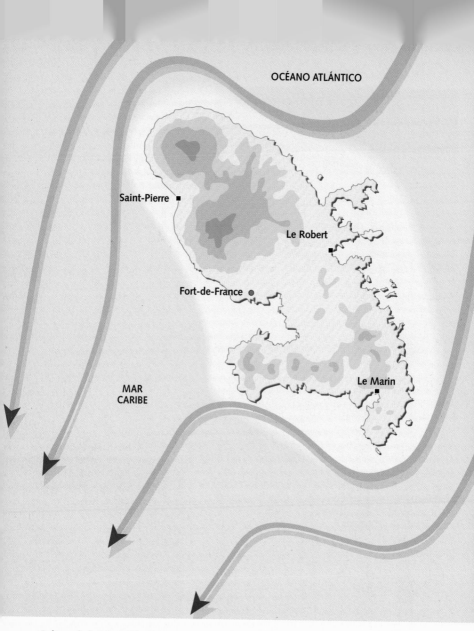

OCÉANO ATLÁNTICO

Saint-Pierre ■

Le Robert ■

Fort-de-France ●

MAR
CARIBE

Le Marin ■

Relieve de la isla de Martinica

más de 1 000 m
500 a 1 000 m
100 a 500 m
0 a 100 m

Trayectoria de los alisios en la superficie
del suelo en ambas partes de la isla

0   10 km

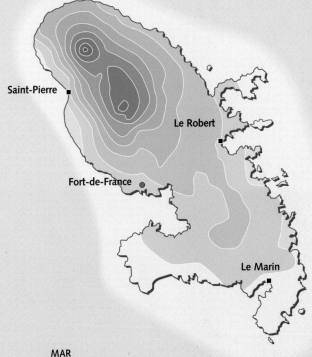

OCÉANO ATLÁNTICO

Saint-Pierre

Le Robert

Fort-de-France

Le Marin

MAR
CARIBE

Pluviometría anual de Martinica entre 1961 y 1990 (en mm)

500   1 000   1 500   2 000   2 500   3 000   3 500   4 000   4 500   5 000   5 500   6 000

0   10 km

Los climas de montaña

Aunque las montañas modifican los principales rasgos de las zonas climáticas donde se encuentran, provocan cambios climáticos relacionados con la altitud y la exposición al sol.

La altitud y la exposición al sol

La primera modificación que provoca la montaña está relacionada con la altura; a medida que ésta aumenta, disminuyen la densidad del aire y la presión atmosférica. La absorción atmosférica se reduce y la radiación solar se intensifica: alrededor de los 3 000 m, en las latitudes medias, la radiación equivale a la que recibe una llanura en el ecuador. La segunda modificación está vinculada con la exposición al sol: en las latitudes medias, la orientación de las vertientes es fundamental, puesto que determina si están expuestas al sol o si son umbrías (esto es menos importante en las latitudes bajas). Este hecho origina un abanico de pequeñas variaciones en la temperatura, la higrometría y las precipitaciones.

En las latitudes medias, los valles de montaña se caracterizan por un escalonamiento (estratificación) de la vegetación y por las asimetrías, debidas a los contrastes climáticos entre las vertientes expuestas a los rayos solares y las que quedan en la sombra. Este hecho influye en los asentamientos humanos. Las actividades agrícolas se desarrollan en las vertientes cálidas, con pendientes más suaves formadas por corrimientos de tierra.

Islotes de frío

El aumento de la radiación solar no implica el incremento en las temperaturas. Lo que es determinante en este caso es el descenso de la presión y la rarefacción del aire, puesto que la transformación de la radiación solar en calor debido a la absorción del aire es reducida.

El gradiente medio de temperatura —aproximadamente 0,6 °C por 100 m— está matizado por la higrometría: oscila de 1 °C/100 m (aire seco) a 0,5 °C/100 m (aire saturado). Las montañas constituyen, pues, islotes de frío en la zona climática en la que se hallan. Localmente, a causa de los relieves, la exposición solar y los efectos de pantalla, las situaciones son diversas.

En las bajas latitudes, el escalonamiento de la vegetación se produce por el descenso de las temperaturas y la gradación de la higrometría. Esto permite el desarrollo de bosques ombrófilos como el de la ilustración.

Arcas de agua en el desierto

Los relieves facilitan las ascendencias necesarias para la formación de precipitaciones; éstas aumentan en cantidad e intensidad con la altitud hasta alcanzar un punto óptimo pluviométrico (altitud en la que la pluviometría es la más elevada). La altitud de este punto óptimo depende de la higrometría y de la temperatura, y es fácilmente identificable en la vegetación, que se convierte en la típica de un bosque ombrófilo. Más allá de este punto óptimo, la higrometría desciende rápidamente en valor absoluto, pero la humedad relativa presenta diferencias importantes según las variaciones térmicas. La exposición a los vientos dominantes, en particular cuando son húmedos, modifica este principio: las vertientes expuestas al viento, muy lluviosas, se oponen a las que se hallan protegidas, que son casi desérticas. Por último, las precipitaciones de nieve aumentan con la altitud. La gran capacidad de reflexión del manto de nieve influye en los fenómenos de radiación solar: las temperaturas bajan y se crean altas presiones en los macizos más importantes.

Parajes protegidos y vientos específicos

El relieve crea parajes protegidos y otros expuestos al viento, en función de su situación respecto a los vientos dominantes. Pero la variedad de las situaciones de exposición y los efectos de la altitud generan vientos específicos: el *foehn* (viento cálido, seco y rápido, que sopla detrás de las barreras montañosas) o las brisas térmicas. En estas situaciones también se producen inversiones en las temperaturas: en el fondo de los valles o en cuencas encajonadas, se acumula el aire frío con una capa de aire cálido por encima de aquél que bloquea las ascendencias. En estas situaciones, en general, el nivel de contaminación asciende como una flecha.

LÉXICO

[Ombrófilo]
Bosque de las regiones muy lluviosas.

Los climas litorales e insulares

Los climas litorales e insulares están condicionados por la proximidad de importantes masas de agua, que influyen en la higrometría, la insolación y la pluviometría, y los vientos.

La higrometría y las precipitaciones

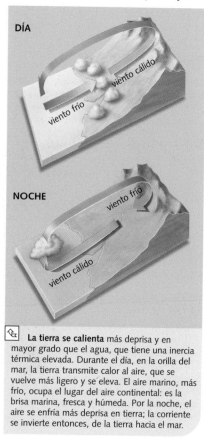

DÍA

viento frío

viento cálido

NOCHE

viento frío

viento cálido

La tierra se calienta más deprisa y en mayor grado que el agua, que tiene una inercia térmica elevada. Durante el día, en la orilla del mar, la tierra transmite calor al aire, que se vuelve más ligero y se eleva. El aire marino, más frío, ocupa el lugar del aire continental: es la brisa marina, fresca y húmeda. Por la noche, el aire se enfría más deprisa en tierra; la corriente se invierte entonces, de la tierra hacia el mar.

En general, la higrometría atmosférica es elevada cerca de los litorales y en las islas. Si se exceptúa el caso específico de las zonas que sufren la influencia de fuertes anticiclones (islas de Cabo Verde, las Galápagos o isla de Pascua) o los desiertos litorales (Atacama, California, Namibia), la higrometría elevada facilita la formación de precipitaciones, aunque los regímenes pluviométricos son semejantes a los de la zona climática en la que se halla la isla o el litoral. También existen otros factores que facilitan la formación de precipitaciones: la ascendencia orográfica en el continente o el contraste térmico entre el océano y el continente. Sin embargo, estos procesos a veces sólo afectan a algunos kilómetros; en ese caso, la franja litoral no es necesariamente muy lluviosa, o solamente se producen precipitaciones débiles pero duraderas, las denominadas lloviznas.

La insolación y la temperatura

Las regiones litorales e insulares se caracterizan, en general, por una insolación débil, una higrometría elevada y unos factores geográficos que facilitan la condensación del agua. Las regiones litorales a menudo están afectadas por la niebla. Sin embargo, también en este caso, la franja costera no está necesariamente afectada por estos fenómenos; las islas litorales y los primeros kilómetros pueden tener una insolación más elevada que las zonas situadas más hacia el interior.

Tanto a orillas del mar como tierra adentro, las temperaturas se caracterizan por una variación poco importante; durante el día porque la higrometría limita el enfriamiento nocturno y el calentamiento diurno, y anualmente, por las mismas razones. El vapor de agua actúa como un tapón.

Los vientos costeros

Cerca de las costas se desarrollan, a veces, vientos específicos: las brisas marinas o litorales. Son vientos de carácter local o regional, de alternancia diurna. Se producen como

Costas expuestas y costas resguardadas

La mayor parte de las islas se caracterizan por una oposición en la exposición a los vientos dominantes. Puede, pues, distinguirse la costa expuesta a los vientos de la que se encuentra protegida de ellos: la costa expuesta al viento en general es más lluviosa, tiene una higrometría más baja, una insolación más elevada, las temperaturas son más extremas y las diferencias térmicas anuales o diarias son más importantes. Este hecho tiene influencias en la vegetación y en la ocupación del espacio, ya que según la zona climática en la que esté situada la isla, la costa expuesta al viento puede ser una zona con una humedad muy elevada y la protegida, un desierto inhóspito.

consecuencia de las diferencias de temperatura en las capas bajas de la atmósfera, debido al distinto grado de calentamiento (o de enfriamiento) entre las aguas y el continente. En general, la brisa marina sopla por la mañana, cuando el tiempo es estable y soleado; aumenta durante el día y se debilita progresivamente al final de la tarde. La brisa procedente de la tierra sopla desde la puesta del sol hasta la madrugada. Ambas están separadas por un breve período en el que la diferencia térmica es casi inexistente y la atmósfera está en calma.

Incluso las islas situadas a bajas latitudes son propicias para el desarrollo de ascensiones y la formación de nubes. Estas últimas son muy útiles para los navegantes, ya que permiten localizar la isla desde lejos.

Los climas urbanos

> *Compuesta por un sinfín de «elementos» (edificios, calles, parques) que modifican los parámetros del clima y constituyen una variedad de microclimas, la ciudad tiene una importante influencia climática.*

El sol

Las construcciones crean zonas de sobreexposición (fachadas orientadas al sur) o de pantalla (en algunos espacios muy encajonados no toca nunca el sol, un aspecto muy valorado, por otra parte, en los países cálidos, donde las viviendas están muy agrupadas para reducir la penetración del sol). Asimismo, la ciudad influye en los fenómenos de radiación. Los tejados y las fachadas, en general, son más oscuros que las superficies vegetales; el albedo de la ciudad es, pues, más débil (entre el 14 y el 19 %, según los materiales), y ésta absorbe adecuadamente la radiación solar. Además, la contaminación —polvo y gases— reduce la radiación visible y refuerza su absorción por parte del aire.

El viento

Al crear un obstáculo, las construcciones modifican la circulación del viento: lo canalizan, lo reorientan y lo ralentizan. Existen espacios resguardados y otros expuestos al viento. Pero también pueden producirse torbellinos, remolinos y aceleraciones, en particular cuando la circulación del viento se ve obstaculizada por los edificios: en los rincones de las calles, detrás de los grandes inmuebles orientados hacia el viento, en el hueco que forman dos edificios en los patios de las ciudades con un tejido en forma de cuadrícula. Cuanto más opacos son los obstáculos, más intenso es este efecto. Las grandes cuadrículas rectilíneas resultan, a menudo, más incómodas que los barrios con calles apretadas y con un trazado irregular. Sin embargo, también se puede buscar la exposición al viento, como sucede en los países cálidos, situando las ciudades en promontorios.

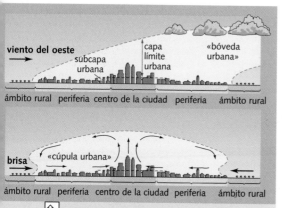

viento del oeste

subcapa urbana

capa límite urbana

«bóveda urbana»

ámbito rural periferia centro de la ciudad periferia ámbito rural

brisa

«cúpula urbana»

ámbito rural periferia centro de la ciudad periferia ámbito rural

Cuando hace buen tiempo, sobre las ciudades se sitúa una capa de aire más cálida y también más rica en contaminantes. Ésta, observable desde un avión en el momento en que se aproxima a las grandes ciudades, adquiere la forma de una cúpula o de una bóveda al ser deformada por el viento. En esta capa, se producen movimientos convectivos y ascendentes.

Las temperaturas

La modificación de las aportaciones solares y de la circulación del viento influ-

ye en las temperaturas, pero el factor más importante en este ámbito es el consumo energético urbano: los transportes, las calefacciones, el alumbrado público y las actividades industriales emiten calor. Hace más calor en la ciudad que en la periferia, sobre todo cuando el tiempo está en calma; en estos casos suele ser frecuente una diferencia de 2 a 3 °C. Debido a este hecho, se generan vientos específicos, las denominadas «brisas térmicas». Por la noche, el viento sopla desde de la periferia, más fría, hacia la ciudad, más cálida. La velocidad de estas brisas se sitúa alrededor de los 2 o 3 m/s (7 a 10 km/h).

Las precipitaciones

Al desviar los vientos e inducir movimientos aéreos específicos, las ciudades modifican localmente la circulación atmosférica. Los fenómenos radiativos (absorción, efecto invernadero local) refuerzan la inestabilidad del aire, su ascendencia y, por tanto, la formación de precipitaciones, que pueden ser más elevadas

En invierno, en las regiones frías, es cuando más se aprecia la «cúpula» de calor urbano: la diferencia entre el centro y la periferia de la ciudad puede alcanzar los 10 °C, sin embargo, valores de 2 a 3 °C se consideran habituales. Como consecuencia de este aumento en la temperatura, las heladas son menos frecuentes, algunas plantas pueden florecer al margen de su estación habitual, etcétera. Este contraste se debe a numerosas causas: como la presencia de contaminantes.

en las zonas de la ciudad más expuestas al viento. Pero, de hecho, en las ciudades llueve menos. Esto se debe a la modificación del ciclo del agua por la impermeabilización de las superficies.

Corregir el clima urbano

En la planificación de una ciudad, se tienen muy en cuenta dos aspectos del clima: el viento y las precipitaciones. Cuando la acción del viento no se ha contemplado correctamente en el diseño de una construcción, se instalan cortavientos parecidos a los setos, cuyo objetivo consiste en ralentizarlo por medio de la filtración y la desviación progresivas. Respecto a las precipitaciones, se utilizan mecanismos técnicos para limitar el riesgo de inundaciones (cuencas de retención, calzadas de almacenamiento, revestimientos alveolares) o bien disposiciones reglamentarias (obligación de preservar masas de vegetación para que pueda realizarse una filtración natural).

Conocer el cambio climático

El clima se ha convertido en un reto medioambiental y político importante a causa de la modificación en la composición de los gases de la atmósfera, que puede provocar cambios climáticos.

Cambios en la composición de la atmósfera

Si se exceptúa el vapor de agua, la atmósfera está compuesta por un 99 % de oxígeno y de nitrógeno. El resto (1 %) está constituido por diversos gases en unas cantidades extremadamente bajas. Una parte de éstos tiene la propiedad de ser transparente a la luz visible y opaca para las radiaciones de infrarrojos. Se dice que son gases con efecto invernadero. Se trata, principalmente, del dióxido de carbono (CO_2), el metano (CH_4) y el óxido nitroso (N_2O), que están presentes de forma natural en la atmósfera, así como otros gases nuevos, totalmente artificiales, como los CFC y los HCFC. Su proporción aumenta regularmente. Por ejemplo, respecto al dióxido de carbono, unas medidas realizadas en la estación de Mauna Loa muestran que, desde 1960, su proporción ha aumentado un 15 %. Si se considera un período más extenso, un sondeo glaciar realizado en la Antártida ha permitido analizar la evolución del nivel de este gas en la atmósfera en los últimos

LÉXICO

[CFC]
Clorofluorocarburos o gases de síntesis fabricados con metano, etano o etileno, y propano.

[HCFC]
Hidroclorofluorocarburos.

160 000 años. Se ha podido constatar que desde 1850 se ha producido un aumento notable en la proporción de dióxido de carbono de alrededor de un 30 % el más rápido registrado en el lapso de tiempo indicado.

Relación entre la composición atmosférica y la temperatura

Este mismo casquete glaciar ha permitido analizar también la evolución de la temperatura atmosférica en 160 000 años y poner de relieve la relación entre ambos parámetros: la composición gaseosa y la temperatura siguen las mismas tendencias. Esto es totalmente normal: el efecto invernadero es, precisamente, el proceso por el cual los gases atmosféricos captan la radiación infrarroja de la Tierra y la convierten en calor sensible. Por esta razón, la atmósfera planetaria disfruta de una temperatura media de 13 °C, y se estima que sería de –18 °C si no existieran estos gases y el vapor de agua. Este proceso determina que las noches sean más suaves en la ciudad que en el campo (como consecuencia de los gases contaminantes), la presencia o la ausencia de nubes (como consecuencia del vapor de agua), y que las regiones litorales tengan unas temperaturas más suaves que las zonas continentales.

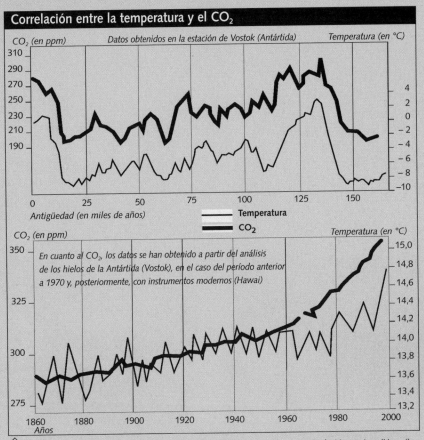

Correlación entre la temperatura y el CO₂

CO_2 (en ppm) — Datos obtenidos en la estación de Vostok (Antártida) — Temperatura (en °C)

Antigüedad (en miles de años)

Temperatura
CO_2

CO_2 (en ppm) — Temperatura (en °C)

En cuanto al CO_2, los datos se han obtenido a partir del análisis de los hielos de la Antártida (Vostok), en el caso del período anterior a 1970 y, posteriormente, con instrumentos modernos (Hawai)

Años

Estos gráficos facilitan las mediciones de CO_2 realizadas en el observatorio de Mauna Loa (Hawai), a 4 000 m de altitud, y las obtenidas a partir de análisis glaciológicos en Vostok (Antártida), en un sondeo de 2 200 m de profundidad. El estudio de las burbujas de aire permite reconstruir la cantidad de dióxido de carbono que está presente en la atmósfera y la temperatura del aire durante 160 000 años: cuanto más calor hace, más isótopos ligeros contiene el aire.

El origen de los gases con efecto invernadero

Si bien la mayor parte de los gases involucrados están presentes en la atmósfera de forma natural, el aumento en su proporción es propio de las actividades humanas y, en primer lugar, del consumo energético. En efecto, al quemar energías fósiles, se utiliza carbono fosilizado desde la era primaria. La actividad industrial, los transportes y el consumo doméstico son la causa del aumento del gas carbónico y del óxido nitroso. El metano (CH_4) está relacionado con las actividades agrícolas (fermentación digestiva de los rumiantes) y con la ordenación del espacio (fermentación en las marismas). Los CFC y HCFC, por su parte, se utilizan en los aerosoles y en los sistemas de refrigeración.

Anticiparse al cambio climático

El conocimiento que se tiene del funcionamiento de la atmósfera permite predecir un aumento en su temperatura. ¿Cuáles pueden ser las consecuencias globales de este fenómeno?

Lo que anuncian los modelos

De la misma manera que se realizan modelos de previsiones meteorológicas a uno, cinco o quince días vista, lo mismo ocurre con las simulaciones climáticas, que se utilizan para conocer la amplitud y los plazos del calentamiento climático que puede esperarse de una modificación en la composición atmosférica. Así, si se duplicara la proporción de dióxido de carbono, las temperaturas aumentarían de 1,9° a 5,3 °C. Y, en consecuencia, también lo harían la evaporación y las precipitaciones: se habla de un aumento del 3 al 15 % en el caso de estas últimas. En cuanto a los plazos de esta duplicación (con respecto a las condiciones iniciales, hacia 1850), se cree que se produciría entre 2020 y 2100. Los modelos también intentan averiguar las consecuencias del aumento de las temperaturas y de las precipitaciones en los casquetes polares y en el nivel marino, en el caso en que los primeros se fundieran: se habla de cifras de 14 a 80 cm desde este momento hasta finales del siglo XXI.

Las incertidumbres

Pero estas escasas cifras no bastan para despejar las incógnitas que se plantean. Por ejemplo, resulta difícil prever el papel que desempeñaría el aumento de la nubosidad. En efecto, una mayor cantidad de nubes implica un aumento del albedo planetario, y, por tanto, una disminución de la radiación directa que llega al suelo y, eventualmente, un descenso del efecto invernadero. De la misma manera, existen muchas hipótesis sobre la evolución de la circulación atmosférica u oceánica: ¿qué trayectorias adoptarán las depresiones, los ciclones y las corrientes oceánicas? ¿Cuál será el emplazamiento de los anticiclones? Los modelos no proporcionan anticipaciones de resolución geográfica más detallada. En definitiva, no se sabe cuál será el clima de Europa a finales del siglo XXI.

La incertidumbre aparece también en cuanto al conocimiento de si se ha iniciado un cambio climático importante: en un siglo, la temperatura media en el hemisferio Norte ha aumentado 0,58 °C y la década de 1980 a 1990 ha sido la más cálida desde 1860, fecha de las primeras mediciones fiables.

En cuanto a los glaciares, observados con gran minuciosidad, mientras unos se funden (los bancos de hielo ártico y antártico sin consecuencias en el nivel marino, puesto que flotan), otros aumentan (en Argentina o en Chile) aprovechando el incremento de las precipitaciones en forma de nieve.

Todos estos datos crean una gran incertidumbre en los científicos de todo el mundo.

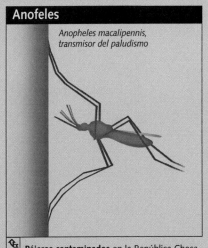

Anofeles

Anopheles macalipennis, transmisor del paludismo

Pájaros contaminados en la República Checa, caballos en Francia, muertes en Estados Unidos... Desde hace algunos años, ha tenido lugar una nueva distribución de determinadas enfermedades (virus de la lengua azul, virus de Ébola, virus de la fiebre del valle del Rift...) que, en general, son transmitidas por mosquitos. Aunque algunos atribuyen este fenómeno al desarrollo de los transportes a escala mundial y a las obras hidráulicas (por ejemplo, las presas), otros ven en ello un signo del calentamiento climático.

Los retos sociales

Sin embargo, los retos son suficientes y el coste de las catástrofes climáticas es ya bastante elevado como para que esta cuestión haya sido tenida en cuenta por los responsables políticos y económicos. Resulta difícil que se adopten acuerdos internacionales (como el protocolo de Kyoto), porque la aplicación de las medidas económicas y sociales que implican son muy controvertidas. Se trata, sobre todo, de reducir el consumo de energías fósiles. Por otra parte, todos los países no están expuestos al riesgo de un cambio climático: un pequeño estado insular del Pacífico, por ejemplo, no se plantea los mismos retos que Rusia, donde existe una gran cantidad de combustibles fósiles y que puede resultar favorecida por un calentamiento climático del planeta.

Los retos se refieren tanto a las causas de la problemática (¿cómo reducir las emisiones de gases de efecto invernadero?) como a sus consecuencias (¿se debe esperar o temer un eventual recalentamiento climático?) Para algunos estados como las islas Maldivas o Seychelles, el recalentamiento podría conllevar un sumergimiento del territorio. Sin embargo, para algunos grandes países septentrionales como Rusia o Canadá, los inviernos largos y rigurosos resultan molestos y el recalentamiento suavizaría el clima. Se perfila pues un crecimiento posible de la producción agrícola, un descenso eventual de las necesidades energéticas relativas al sistema de calefacción, una mejora para el sector de los transportes...

El peso de las incertidumbres obliga a los dirigentes a actuar con cautela. Pero, incluso considerando las hipotéticas ventajas que supondría una nueva situación climática, los cambios que se tendrán que realizar para adaptarse a la nueva situación serán necesariamente costosos: ¡no se convierte fácilmente una zona de taiga en unas llanuras fértiles! Por esta razón, cada país, por unos u otros motivos, examina con detenimiento los acuerdos internacionales. La prevención de un cambio climático mayor es sin duda alguna uno de los retos más difíciles de asumir para el mundo actual.

Modelos de simulación

Para elaborar modelos, se considera que la atmósfera está formada por una superposición de estratos cuyo funcionamiento y relaciones obedecen a las leyes de la física (fluidos y termodinámica), formulables en ecuaciones matemáticas. La precisión y la fiabilidad del modelo dependen del número de parámetros iniciales que se tengan en cuenta (información sobre el estado inicial de la atmósfera, papel del océano, de la vegetación), de la cuadrícula geográfica y del período de tiempo. Esto implica unos cálculos de una gran precisión. La fiabilidad de los modelos está limitada por la capacidad de los calculadores y por la comprensión, todavía imperfecta, del funcionamiento de la atmósfera.

Léxico

Absorción
Proceso mediante el cual una sustancia retiene energía.

Advección
Desplazamiento horizontal de una masa de aire.

Agroclimatología
Aplicación de la climatología a la agricultura.

Albedo
Parte de la radiación solar reflejada por una superficie o un cuerpo, con respecto a la radiación incidente.

Ángulo de incidencia
Ángulo formado por la radiación directa y la superficie de recepción.

Anomalía climática
Desviación del clima respecto a la media de uno o varios parámetros, que se produce de forma irregular y sin ninguna proporción con respecto a los extremos o a un fenómeno extremo estacional.

Aridez
Situación en la que la evaporación potencial es superior a las precipitaciones.

Ascendencia
Movimiento vertical del aire hacia arriba.

Bioclimatología
Rama de la ecología que estudia las relaciones entre los seres vivos y el entorno climático en que se encuentran.

Bruma
Niebla ligera que reduce la visibilidad entre 1 y 5 km.

Calor latente
Energía absorbida o desprendida por una sustancia durante un cambio de estado (fusión, evaporación, condensación).

Calor sensible
Calor que modifica la temperatura del cuerpo.

Célula
Circulación atmosférica generada por la distribución diferencial de las fuentes de energía y que relaciona la parte alta de la atmósfera con la parte baja, mediante movimientos verticales y horizontales.

CFC (Abreviatura de clorofluorocarburos)
Conjunto de gases de síntesis fabricados con metano, etano o etileno y propano. Los CFC alteran la capa de ozono.

Ciclo del agua
Conjunto de la circulación del agua entre diferentes reservas planetarias.

Clima
Combinación de estados de la atmósfera (temperatura, viento, etc.) en un lugar determinado y en un período definido (mes, año, milenio).

Climatología
Ciencia cuyo objetivo consiste en la descripción, clasificación y explicación de la distribución y la historia de los diferentes tipos de climas.

Clorofluorocarburos
Véase CFC.

Coalescencia
Proceso de aglomeración de microgotas por colisión.

Componente
Parte respectiva de los movimientos verticales y horizontales del viento.

Condensación
Paso del agua del estado gaseoso al líquido o sólido.

Continentalidad
Conjunto de modificaciones climáticas determinadas por la disminución de la influencia marina a medida que nos vamos adentrando hacia el interior de un continente.

Convección
Forma de transferencia del calor en un fluido debido al desplazamiento de éste, a causa de las diferencias de temperatura.

Convergencia
Movimiento de dos masas de aire que se dirigen hacia el mismo punto.

Convergencia intertropical (zona de)
Véase Zona de convergencia intertropical.

Crisis climática
Anomalía del clima particularmente marcada y duradera que

corresponde a una incapacidad del sistema atmosférico de autorregularse (el fenómeno de El Niño es una de las crisis más conocidas).

Desviación
Diferencia entre el valor máximo y el mínimo en una serie de datos durante un intervalo de tiempo dado (año, día, etc.).

Divergencia
Desplazamiento del aire hacia el exterior del flujo principal.

Ecuador meteorológico
Véase Zona de convergencia intertropical.

Ecuador pluviométrico
Línea que une los puntos que registran mayores precipitaciones en la zona intertropical.

Ecuador térmico
Línea imaginaria que relaciona la temperatura media anual máxima en cada meridiano.

El Niño
Fenómeno oceánico caracterizado por un calentamiento anormal de las aguas superficiales del centro y el este del Pacífico, en particular en las costas peruanas.

Evaporación
Paso del agua del estado líquido al gaseoso.

Evapotranspiración
Cantidad de agua evaporada en la atmósfera, ya sea por evaporación del agua libre o por transpiración de la vegetación.

Fracción de radiación solar
Relación existente entre la duración de la radiación solar observada y la máxima teórica.

Foehn
Viento seco, cálido, rápido y subsidente, que sopla en las vertientes expuestas al viento de los relieves.

Fotosíntesis
Proceso de conversión en materia orgánica que realizan las plantas a partir del agua, del carbono atmosférico y de la radiación solar.

Fracción de insolación
Relación existente entre la duración de la radiación solar observada y la máxima teórica.

Frente
Zona de discontinuidad (térmica, barométrica, higrométrica) en el interior de la atmósfera.

Frío (polo del)
Véase Polo del frío.

Fusión
Paso del agua del estado sólido al líquido.

Glaciación
Época geológica caracterizada por una extensión de los cascos glaciares hacia las latitudes bajas y de los glaciares de las montañas hacia los valles.

Gradiente térmico
Tasa de variación de la temperatura a nivel horizontal o vertical (también se habla de «gradiente pluviométrico»).

Humedad relativa
Masa de vapor de agua contenida en un volumen de aire determinado con respecto al máximo posible, teniendo en cuenta la temperatura y la presión (en %).

Higrometría
Medida y estudio del vapor de agua de la atmósfera.

Incidencia (ángulo de)
Véase Ángulo de incidencia.

Inestabilidad
Propiedad de un sistema (por ejemplo, una masa de aire) que hace que cualquier perturbación que se introduzca en él tienda a ampliarse.

Insolación
Radiación solar; período durante el cual brilla el sol.

Insolación (fracción de)
Véase Fracción de insolación.

Irradiación
Cantidad de energía de radiación que recibe una superficie.

Isobara
Se dice de una superficie que tiene la misma presión atmosférica.

Isoterma
Línea, lugar o espacio que se caracteriza por tener la misma temperatura a lo largo de un período dado.

Jet-stream
Viento fuerte que circula en la at-

mósfera terrestre a más de 6 km de altura.

Lugar a resguardo
Espacio protegido de los excesos del clima gracias a un obstáculo (vegetación, construcción, relieve), sea cual sea su tamaño.

Llovizna
Meteoro líquido constituido por gotas de agua muy pequeñas (de un diámetro inferior a 0,5 mm), que se precipitan de forma que parece que floten en el aire.

Masa de aire
Unidad atmosférica bastante extendida cuyas características (térmicas, higrométricas, etc.) son relativamente homogéneas.

Máximo
Término que alcanza el valor más elevado dentro de una serie de valores y en un intervalo de tiempo dado. Puede calcularse la media de los máximos diarios, mensuales, etc.

Media
Suma de los valores de una serie de cantidades dividida por el número de esos valores; en climatología, la media se calcula para un período de tiempo dado, que puede oscilar entre un día, una década o incluso más.

Meteoro
Fenómeno que se observa en la atmósfera (precipitaciones, fenómenos ópticos o eléctricos), a excepción de las nubes.

Meteorología
Ciencia de la atmósfera que estudia los estados de la misma con el principal objetivo de realizar previsiones del tiempo o simulaciones climáticas.

Modelo
Representación simplificada o numérica de la atmósfera y de sus propiedades, cuyo objetivo consiste en realizar previsiones meteorológicas o simulaciones climáticas.

Niebla
Concentración de pequeñas gotas de agua en suspensión cerca del suelo (término empleado cuando la visibilidad horizontal es inferior o igual a 1 km).

Normal
Valor estadístico de un parámetro climático en un intervalo de treinta años.

Nubosidad
Cantidad de nubes que se hallan en la bóveda celeste.

Ombrófilo
Se dice del bosque de las regiones muy lluviosas.

Paleoclima
Clima del pasado, en general de las épocas geológicas.

Parámetro climático
Elemento que caracteriza a la atmósfera (radiación solar, viento, humedad del aire o precipitaciones).

Perturbación
Sistema turbulento, en general de una dimensión importante, que se caracteriza por la discontinuidad de los campos de presión, temperatura y humedad.

Pluviometría
Estudio de las precipitaciones, de su naturaleza, su distribución en el tiempo y el espacio, y de las técnicas de medida.

Pluviométrico (ecuador)
Véase Ecuador pluviométrico.

Pluviométrico (gradiente)
Véase Gradiente pluviométrico.

Pluviométrico (régimen)
Véase Régimen (pluviométrico, térmico).

Pluviosidad
Cantidad de precipitaciones caídas en un lugar durante un período dado.

Polo del frío
Región de cada hemisferio en la que se registran los mínimos más bajos.

Precipitaciones
Conjunto de hidrometeoros, líquidos o sólidos, procedentes de la atmósfera; serie de procesos que van de la condensación del vapor de agua a la caída de hidrometeoros.

Punto de saturación o punto de rocío
Grado higrométrico en el que la masa de aire alcanza la saturación, en función de la temperatura y de la presión.

Radiación
Proceso de transporte de energía en forma de partículas u on-

das electromagnéticas o de tipo acústico.

Reflexión
Cambio de dirección de una irradiación incidente cuando llega a una superficie en la que se refleja, sin que se modifique su longitud de onda.

Régimen (pluviométrico, térmico)
Ritmo que adquiere un elemento climático (precipitaciones, temperaturas, etc.) durante las estaciones.

Resguardo (lugar a)
Véase Lugar a resguardo.

Rocío (punto de)
Véase Punto de saturación.

Rugosidad
Obstáculo o aspereza de una superficie que provoca efectos de turbulencia.

Saturación
Masa máxima de vapor de agua que puede contener un volumen de aire en función de la temperatura y la presión.

Saturación (punto de)
Véase Punto de saturación.

Subsidencia
Movimiento vertical del aire hacia abajo.

Sobrefusión
Estado del agua cuando se mantiene en estado líquido, aunque su temperatura o la temperatura ambiente que la rodea sean inferiores a 0 ºC.

Térmico (ecuador)
Véase Ecuador térmico.

Térmico (gradiente)
Véase Gradiente térmico.

Térmico (régimen)
Véase Régimen (pluviométrico, térmico).

Troposfera
Capa más baja de la atmósfera.

Turbulencia
Agitación de un fluido de forma impetuosa, que se superpone al movimiento medio del aire.

Zona de convergencia intertropical
Línea de separación entre la circulación atmosférica de los dos hemisferios (también se habla de «ecuador meteorológico».

Direcciones útiles

Lugares para visitar

Museo virtual del Observatorio Astronómico (Madrid)
Colección de instrumentos meteorológicos antiguos expuestos en el Edificio Villanueva del Observatorio del Retiro.
www.oan.es

Museo de la Ciencia y el Agua (Murcia)
Museo que ofrece distintos ámbitos, exposiciones y actividades relacionados con la situación del ser humano respecto a los elementos de la naturaleza, como el Sol, el agua o los vientos.
www.cienciayagua.org

Parque de las Ciencias (Granada)
Museo interactivo que incluye, en su sala Biosfera, aspectos climáticos como el efecto invernadero y el ozono atmosférico.
www.parqueciencias.com

Observatorio Fabra (Barcelona)
Observatorio inaugurado en el año 1904, en el Tibidabo, es de carácter astronómico, meteorológico y sísmico. Es interesante su pluviógrafo de intensidades, inventado por el Dr. Jardí.
www.astrogea.org/asteroides/varis/obsfabra

Observatorio Meteorológico de Sort (Lleida)
En sus visitas guiadas de unos 95 min de duración, es posible conocer los instrumentos meteorológicos y aspectos como la recepción de mapas del tiempo y de fotografías de satélite, o el registro de la velocidad y dirección del viento, radiación solar, lluvia ácida, precipitaciones, temperaturas, ozono y terremotos.
www.svt.es/meteosort

Asociaciones

Asociación Española de Climatología (AEC)
Asociación que fomenta el estudio científico del clima y el progreso de las ciencias de la atmósfera en España.
www.aeclim.org

Asociación Catalana de Meteorologia (ACAM)
Entidad que da soporte y promueve actividades de divulgación y profundización en la meteorología y climatología, con especial interés por Cataluña y, en general, por la zona del mar Mediterráneo.
www.acamet.org

Asociación Catalana de Observadores Meteorológicos (ACOM)
Entidad de carácter científico y cultural que pretende agrupar a las personas interesadas por la meteorología. Ofrece exposiciones y cursos.
www.acom.es

Páginas web

Numerosas páginas web ofrecen abundante información sobre el clima y el medio ambiente. A continuación se ofrecen algunas que pueden resultar especialmente interesantes.

www.mma.es: página del Ministerio de Medio Ambiente español, con datos mensuales y anuales de precipitaciones, de los distintos observatorios del país. También incluye tablas de datos pluviométricos históricos.

www.inm.es: página del Instituto Nacional de Meteorología, autoridad meteorológica del estado español, que planifica, dirige, desarrolla y coordina las actividades meteorológicas a nivel nacional. Ofrece gran cantidad de datos meteorológicos y climatológicos de España.

www.infomet.fcr.es: servidor de información meteorológica, con datos e imágenes de radar y satélite del tiempo atmosférico previsto, presente y pasado, además del control del ozono y la radiación solar ultravioleta.

www.meteocat.com: página del Servei de Meteorologia de Catalunya, con predicciones del tiempo, datos de estaciones automáticas, radar meteorológico, radiosondeos, e información marítima y de montaña.

www.oratgenet.com: servidor de información meteorológica de la Comunidad Valenciana, con previsiones dos veces al día y situación marítima.

www.ecmwf.int: página de The European Centre for Medium-Range Weather Forecasts (ECMWF), organización internacional integrada por 24 estados europeos, que fomenta la investigación de la modelización informatizada del tiempo atmosférico global y oceánico. Incluye datos de previsiones meteorológicas.

www.emetsoc.org: página de European Meteorological Society (EMS), que integra las sociedades meteorológicas europeas.

www.eumetsat.de: página de la Organización Europea de Satélites Meteorológicos, responsable del establecimiento, mantenimiento y explotación de los satélites meteorológicos operacionales, como el METEOSAT, con imágenes proporcionadas por esta serie de satélites.

www.esrin.esa.it: página de la Agencia Espacial Europea (ESA), que desarrolla potentes lanzadores y vehículos espaciales, que ponen en órbita satélites meteorológicos, como los de la serie METEOSAT.

www.torro.org.uk: página de Tornado and Storm Research Organisation, que investiga y realiza previsiones sobre tormentas y tornados.

www.wmo.ch: página de Organización Meteorológica Mundial, con datos sobre el tiempo atmosférico en el mundo.

www.wmo.ch/hinsman/cgmshome.html: página del Coordination Group for Meteorological Satellites (CGMS), foro para el intercambio de información técnica sobre satélites meteorológicos geoestacionarios y polares.

www.ipcc.ch: página del Panel Intergubernamental para el Cambio Climático, con toda la información acerca del cambio climático y sus consecuencias.

Índice

Créditos de las ilustraciones

Fotografías

4 y 5 © J. Head/S.P.L./Cosmos; 6 © NASA/S.P.L./Cosmos; 8 y 9 © Galaxy Contact/Explorer; 10 © ESC/S.P.L./ Cosmos; 11 © J.-F. Lanzarone/Hoa-Qui; 14 © Lauros/Giraudon/Bridgeman Art Library; 15 d © S.P.L./ Cosmos; 17 abajo © Jacana; 17 ht © CTK/Camera Press/Gamma; 18 © P. Le Floch/Explorer; 19 © H. Morgan/S.P.L./ Cosmos; 20 © C. Boisvieux/Hoa-Qui; 21 © P. Menzel/Cosmos; 22 © Bibl. Sainte Geneviève/Dupif Photo. Studio; 23 © S.P.L./ Cosmos; 24 y 25 © Ciel et Espace/Nasa; 31 © Nasa/S.P.L./ Cosmos; 32 © S.P.L./ Cosmos; 33 © Ciel et Espace/Nasa; 35 © Nasa/S.P.L./ Cosmos; 36 © Météo France; 37 © Didier Cauvin; 38 © Nasa/S.P.L./ Cosmos; 40 y 41 © Ciel et Espace/Nasa; 42 © H.T. Kaiser/Cosmos; 43 © R. Mattes/Explorer; 47 © P. Bertrand/Hoa-Qui; 49 © Zefa-TH-Foto/Hoa-Qui; 51 © P. Bertrand/Hoa-Qui; 52 © S. Shaver-STF/AFP; 52 d © W. Buss/Hoa-Qui; 55 © D. Nunuk/S.P.L./ Cosmos; 56 y 57 © Hervé Vincent/Avecc-Rea; 58 © J. Poulard/Jacana; 59 © D. Parker/S.P.L./ Cosmos; 62 © European Space Agency/S.P.L./ Cosmos; 63 © Galaxy Contact/Explorer; 65 © G. Martin-Raget/Hoa-Qui; 66 © Données: International Satellite Cloud Climatology Project (ISCCP); traitement: labo. de météorologie dynamique (LMD) du CNRS; concepción G. Beltrando (Universidad Denis-Diderot); 67 ht © L. Thorel/Jacana; 67 m © S. Cordier/Jacana; 67 abajo © E. Valentin/Hoa-Qui; 69 © AKG Paris; 71 © J.-L. Dugast/Hoa-Qui; 74 y 75 © J. y P. Wegner/Jacana; 76 © R. Bezjak/Focus/Cosmos; 77 © Sipa Press; 80 © P. Stritt/Hoa-Qui; 81 © D. Lefranc/Explorer; 82 © Ziesler/Jacana; 83 © F. Zvardon/Jacana; 84 © E. Valentin/Hoa-Qui; 85 © P. Pilloud/Jacana; 87 C. Farhi/Hoa-Qui; 88 © C. Champigny/Cosmos; 89 © J.-D. Joubert/Hoa-Qui; 91 © R. Bezjak/Focus/Cosmos; 92 y 93 © Sipa Press; 94 ht © T. Dressier/Jacana; 94 abajo © Serena/NF/Hoa-Qui; 95 © Serena/NF/Hoa-Qui; 98 © T. Walter/Jacana; 99 © S. Cordier/Jacana; 100 © P. Le Floc'h/Explorer; 101 © Zefa-Poelking/Hoa-Qui; 102 © G. Gasquet/Hoa-Qui; 103 © Mero/Jacana; 104 y 105 © Th. Denis-Huot/Hoa-Qui; 106 © D. Scott/Jacana; 107 © F. Perri/Cosmos; 110 © Egers/Jacana; 111 © Steinmetz/Cosmos; 113 © D/Faulkner/PHR/Jacana; 114 © Ph. Renault/Hoa-Qui.

Dibujos e infografías

Archivos Larousse, Laurent Blondel, Graziella Boutet, Jean-Yves Grall, Vincent Landrin, Tom Sam You, Léonie Schlosser

El editor agradece a Météo-Francia el haberle proporcionado la documentación del mapa de la pluviometría anual de Martinica, páginas 108-109 (fuente: *Atlas climatique, le temps à la Martinique*, Météo-France —Dirección Interregional Antillas-Guayana, Fort-de-France, 1999).